U0472387

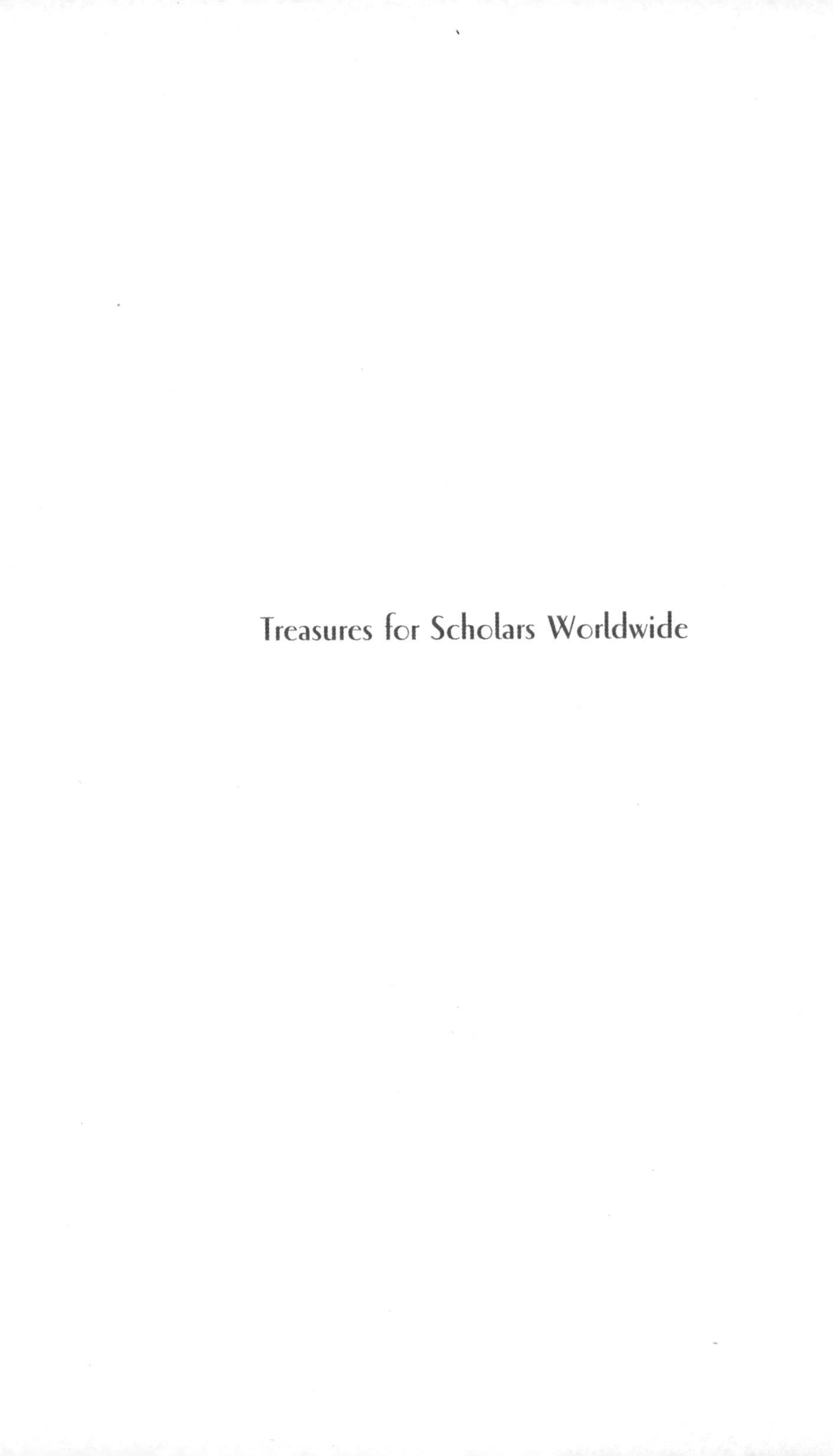

Treasures for Scholars Worldwide

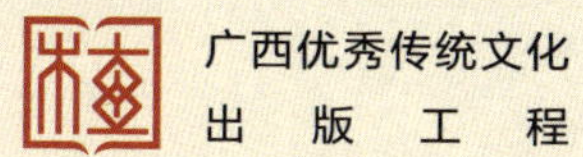


# 石刻里的广西

## 民族融合卷

戴永恒_著

·桂林·

石刻里的广西 民族融合卷
SHIKE LI DE GUANGXI MINZU RONGHE JUAN

**图书在版编目（CIP）数据**

石刻里的广西. 民族融合卷 / 戴永恒著. -- 桂林 : 广西师范大学出版社，2024. 12. -- ISBN 978-7-5598-7714-7

Ⅰ. G127.67-49

中国国家版本馆 CIP 数据核字第 2024Q7V079 号

广西师范大学出版社出版发行
（广西桂林市五里店路 9 号 邮政编码：541004
网址：http://www.bbtpress.com）
出版人：黄轩庄
全国新华书店经销
广西广大印务有限责任公司印刷
（桂林市临桂区秧塘工业园西城大道北侧广西师范大学出版社集团有限公司创意产业园内 邮政编码：541199）
开本：880 mm × 1 230 mm 1/32
印张：5.5 字数：114 千
2024 年 12 月第 1 版 2024 年 12 月第 1 次印刷
定价：36. 00 元

---

# 总序

广西地处中国南部，区位优越，东邻广东、西通云贵、南接越南，在中国与东南亚的政治、经济、文化交往中一直占有重要地位。广西这片土地不仅山川秀美、历史悠久，更因多民族的交往交流交融，绘就了璀璨的文化图景。

石刻作为一种独特的文化载体，承载着广西千百年来的历史记忆、文化传承与艺术精髓。广西石灰岩资源丰富，分布广泛，石质坚硬，便于雕镌。在尚未有文字记载的时代，广西先民就已学会在崇左花山等山岩崖壁上描绘日常生活场景，表达思想感情与艺术想象。广西现存最早的石刻，应是南朝刘宋时期的石质买地券，但刻碑风尚至少可上溯至东汉时期，东汉末建安二十一年（216）曾任零陵郡观阳长（观阳即今桂林市灌阳县）的熊君墓碑，虽立于今湖南永州市道县境内，但说明当时刻碑风气已在零陵郡一带广泛流行。

石刻在广西地区的广泛分布，不仅展现了中华文明在边疆地区扩散传播的轨迹，也是多民族交往交流交融的重要见证，为铸牢中华民族共同体意识发挥了不可替代的作用。广西历史石刻分布地域广泛、数量繁多，堪称通代文献渊海。自唐宋以来，广西刻石之风气经久不衰，至今留存了极为丰富的石刻文献，广西也因此成为中国石刻较为集中、特点鲜明的地区，素有“唐碑看西安，宋刻看桂林”的说法。广西石刻文献内容价值主要有珍稀性、系统性与普适性三个特点，石刻类型至少包括摩崖、碑碣、墓志、塔铭、买地券、画像题字、造像记、器物附刻等，石刻文体至少包括碑、墓志、颂、赞、铭、纪游、诗、词、文、赋等。晚清金石学家叶昌炽曾赞叹“唐宋士大夫度岭南来，题名赋诗，摩崖殆遍”，其中最有代表性的石刻，如桂林龙隐岩的《元祐党籍碑》、柳州柳侯祠内的《荔子碑》，以及桂林王城独秀峰读书岩上的王正功《鹿鸣宴劝驾诗》等。

近些年来，广西壮族自治区党委宣传部启动广西优秀传统文化出版工程。委托广西师范大学出版社策划并组织专家撰写这套《石刻里的广西》丛书，是目前国内为数不多的广西石刻丛书。本套丛书选题特色鲜明，通过挖掘广西丰富的石刻文献资源，讲好石刻里的广西历史故事，积极推动广西地区中华优秀传统文化的创造性转化、创新性发展。

本套《石刻里的广西》丛书共有十卷，包括《石刻通论卷》《历史名人卷》《山水人文卷》《民族融合卷》《文化教育卷》《水陆交通卷》《经济商贸卷》《科学技术卷》《摩崖造像卷》《书法艺术卷》。每一卷选取一些具有代表性的广西石刻，采取雅俗共赏、图文并茂的方式，用通俗的语言介绍石刻基本情况、解读石刻内容，讲述石刻背后的历史人物故事，揭示石刻背后的政治经济关系、山水景观塑造与文化交流网络等。

同时，我们也希望通过这套《石刻里的广西》丛书，引导更多人关注与保护广西石刻，让广西这些珍贵的文化遗产得以永续传承，并实现转化利用。

是为序。

江田祥

# 前　言

作为中国传统文化的重要组成部分，中国古代石刻以其独特的艺术风格和丰富的文化内涵而闻名于世。石刻是中国出现极早的文字表达载体，因材质坚实耐久，得以跨越千百年的悠久岁月，将那些久远的事实及讯息传递至今。除了因文献可信度所带来的较高的历史价值，精湛的技艺和生动的视觉效果使其同时具有高度的艺术价值。广西，因独特的山水地貌，岩石质地坚硬，分布广泛，易于雕镌，自唐宋以来，刻石之风气历久不衰，留存了极为丰富的石刻文献，成为中国石刻较为集中、特点鲜明的地区，故有“唐碑看西安，宋刻看桂林”的说法。广西石刻有着数量大、分布广、整体性和系统性强等特点，从内容上看，涉及政治、经济、军事、宗教、建设、教育等诸多方面；从体裁来看，不仅有诗词、辞赋等文学体裁，也有墓志、布告、法令等应用体裁。可以说，广西石刻覆盖了社会生活的方方面面，是保存和传承广西丰硕文明的文化宝藏。

广西也是我国的边疆多民族地区，丰富而厚重的民族历史文化，自然会在石刻中体现出来，中华各民族交往交流交融的历史意涵和中原文化与广西各民族文化互融互促的文化意涵是广西石刻独具魅力的地域特色。本书突出广西石刻的民族性和历史文化价值，围绕民族这一中心，从历代广西石刻文献中，选取内容与民族相关的代表性作品，按照石刻内容分为“人物”“营建”“民族治理”“民风民俗”“诗歌”等五个主题，涉及广西少数民族历史文化的各个方面，用浅显易懂的方式、生动的笔触讲述石刻故事，揭示其历史人文价值，从广西各民族共同的历史和文化记忆中，展现民族交流融合的过程，以及铸牢中华民族共同体意识的悠久传统和历史基础。

本书是笔者入职桂林航天工业学院后，完成的第一本与广西石刻相关的著作。广西石刻中与民族相关的内容非常丰富，本书虽进行了斟酌选择，但由于笔者学术视野和学术能力限制，错漏之处在所难免，敬请方家指教。本书之撰写参阅了相关石刻研究者的研究成果，也得到了不少师长和同仁的帮助和支持，在此一并致以衷心的感谢！

戴永恒

2024年11月10日

# 目　录

## 第一篇　人　物

## 第二篇　营　建



## 第三篇　民族治理

# 人物

## 隋唐墓志中的岭南宁氏家族

### ——《宁越郡钦江县正议大夫碑》《唐刺史宁道务墓志铭碑》

如果说到现存珍贵的广西碑刻，《宁越郡钦江县正议大夫碑》绝对是其中的代表。这一方面是因为《宁越郡钦江县正议大夫碑》是块隋碑，距今已有1400余年的悠久历史，是岭南石刻中较为完好地留存下来的、为数不多的隋唐碑刻。另一方面也是因为它记录了钦州宁氏一族守护南疆，促进国家统一，推动民族团结融合的历史事迹，具有极高的文献价值和文化价值。

《宁越郡钦江县正议大夫碑》是隋朝正议大夫宁贙的墓志铭，故也简称“宁贙碑”。该碑刻于隋炀帝大业五年（609），碑为弧顶平底形制，有碑穿。碑高118厘米，宽79厘米，碑额12字4行排布。正文楷书30行，除第30行为12字外，其余每行39字，共1143字。由“志”和“铭”两部分组成。

碑志为骈文，大致可分为四个部分。第一部分用华美的语言和繁复的历史典故，说明宁氏来自中原的悠久历史根脉，以及能够“繁衍陵穆，盘根闽越”的根因，即能够跟从中原王朝，有辅弼之功。第二部分叙述了宁贙的祖籍和祖、父、兄的事迹。序言中说宁氏原籍山东临淄，但没有说明是何时及何因迁移到岭南，这便留下了公案。目前对于宁氏是迁徙而来的汉族，还是世居岭南的越人首领尚无定论，这是由于史籍中都以越人、蛮夷相称，视其为“乌武僚”（壮族先民）的世袭“渠帅”。而其祖籍临淄仅在此碑和《唐刺史宁道务墓志铭碑》中提及，没有其他旁证。其实无论其家族真实情况如何，就算是攀附汉人先祖，也体现出宁氏在文化心理上对汉文化的深度认同。或许正是这一渊源，使宁氏家族始终不排斥中原王朝对岭南地区的管理，对维护国家统一方面，抱有积极的态度，在当时广西的各路酋帅中起到了积极的引领作用。这一部分碑文还有补史之阙的文献价值，史籍中仅记载了其父宁猛力，和其兄宁长贞（《隋书》等作“宁长真”）的宦迹，而碑志中则记载了其祖宁逵的信息。据序文载，其祖宁逵在梁时任定州刺史，陈时任安州刺史；父宁猛力，隋文帝时被授予安州刺史、宋寿县开国侯；宁贙长兄宁长贞，任钦州刺史，被授予钦江县开国公，后因军功，改右光禄大夫、宁越郡太守。其实宁猛力与隋王朝的往来有一段故事见于《隋书·何稠传》。宁猛力隋初受安抚，被授予安州刺史，也曾有谋逆的打算，但何稠南下讨伐桂州土酋李光仕之时，他因惧怕，请身入朝。何稠遂与其约定八九月入朝，但该年十月宁猛力便病逝，未能成行。文帝对何稠说：“你当时未带宁猛力入朝，现在他竟然死了。”但何稠却很信任宁氏，他说：“猛力与我约定，现在他去世了，定会让他的儿子入朝，越人性情直率，他的儿子一定会来。”猛力临终前果然嘱咐长子宁长贞入朝。墓志第三部分是宁贙的事迹。其实，不仅宁长贞曾入朝觐见，隋开皇十四年（594）宁贙也曾入朝，即志文中说："帝以公衣冠子胤，远来入朝，既秉诚心，宜升戎秩，授大都督，厚赠缣缯，遍加享礼。"后又因"南定交趾之州""抚宁蕃部"的功绩屡次加封。而碑志中最浓墨重彩叙写的是大业二年（606）宁贙与兄长长贞随征林邑的战争。林邑地处今天的越南。仁寿末，刘方为驩州道行军总管，经略林邑。刘方派遣宁长贞率部万余人出越常，而自己则率主力水师出比景，林邑王梵志派兵据险抵抗，经过多次战斗，林邑兵败，隋兵攻占林邑国都。但由于隋军长途跋涉，士卒疲敝，伤亡也很大，主帅刘方更在班师途中染疾身亡。最终隋王朝未能掌控这遥远的林邑之地，隋军走后，林邑王又重占了国土，所以这次战争是隋炀帝好大喜功、穷兵黩武而发动的战争。宁贙在征林邑的战争中立下了战功，所以当他在大业二年十月再次入朝时，也获得了开府仪同三司的殊荣，并最终改官正议大夫。碑志对宁贙在林邑之战中的勇武作了非常生动的刻画，先写其一马当先，"推锋振旅，以先启行"，然后是两军对垒，"凭轼相临，云横百阵"，两个短句便让人感到战斗一触即发的紧张气氛。后面便是写宁贙以二十舟对千乘敌舻，奋勇突击，以少胜多，"声播百方"。第四部分叙述了宁贙于大业四年（608）正月十九日去世。铭文以四言韵语的形式再次概括宁贙生平，并予以赞颂和悼念。

宁氏家族经过三代人的经营，在隋唐两代成为最有影响力的土官势力，他们以钦州为中心，辖区包括今天玉林、博白、灵山、北流、钦州、合浦、浦北、防城、上思、扶绥、大新、崇左等县地。而《唐刺史宁道务墓志铭碑》便是唐代时与宁氏相关的碑刻史料。

墓主宁道务，字惟清，是宁长贞之孙。碑志的主要内容是对宁氏家族历史的追述，写到了其曾祖宁猛力、祖父宁长贞、父亲宁璩，以及太夫人冯氏的信息和对墓主生平事迹的叙述。据碑文载，宁道务幼时聪颖，曾涉猎六艺，有较好的汉文化水平。武后万岁通天年间任龙州司马，后历官朝散郎、爱州（今越南清化）牧，后改为郁林牧。开元初，授朝议郎、新州刺史，后改为封州刺史，病逝于任上。

宁道务墓志碑的独特之处是，它不是刻在石质材料上，而是一块陶碑，出土于钦州城东宁道务墓冢，陶碑被发现的时候已经碎为10片，后由冯子材出资修补黏合。抗日战争期间，陶碑被日寇发现并捣碎，现广西壮族自治区博物馆存有六分之一。

钦州坭兴陶制作是以钦江东西岸特有的紫红陶土为原料制作陶器的传统工艺，坭兴陶历史悠久，位列中国四大名陶之一，是国家级非物质文化遗产，可称为广西最具民族特色的历史瑰宝之一。宁道务陶碑是刻有一千多字碑文的古钦陶巨制，民国《钦县志》对其记载曰："此碑刻有唐开元二十年字样……可知我钦陶器历史，由来已久。""然寰宇坊碑，陶制已少，如斯巨制，尤所希（稀）觏，是吾钦先民陶业及书刻之程度也。"从这块陶碑可以看出，钦州坭兴陶的历史非常久远，在唐代时陶器烧制、装饰工艺技术已经达到了很高的水准，而且陶制品应用范围非常广泛。唐代钦州制陶业的发达，也体现了钦州地区在宁氏的管制之下，政治稳定、经济繁荣，文化技术和各行各业得到了较好的发展。这对于隋唐时期王朝边疆稳定和促进岭南边疆少数民族地区国家认同、民族团结的重要性不言而喻。

其实，宁氏家族中除上文提及者，尚有归顺大唐，抚民向化，并平定姻亲冯氏叛乱的宁纯；有发奋读书，在武后朝贤良策试中高中，成为钦州地区及壮族历史上第一位进士的宁悌原。从《宁越郡钦江县正议大夫碑》到《唐刺史宁道务墓志铭碑》，可以看到宁氏家族的汉化程度不断提高的过程。这向我们展现了如宁氏那般在政治上归附中央王朝，在文化上认同和向慕汉文化的土司家族，对于当地的民族交流融合和中华民族共同体意识的培育所具有的重要意义。

《唐刺史宁道务墓志铭碑》

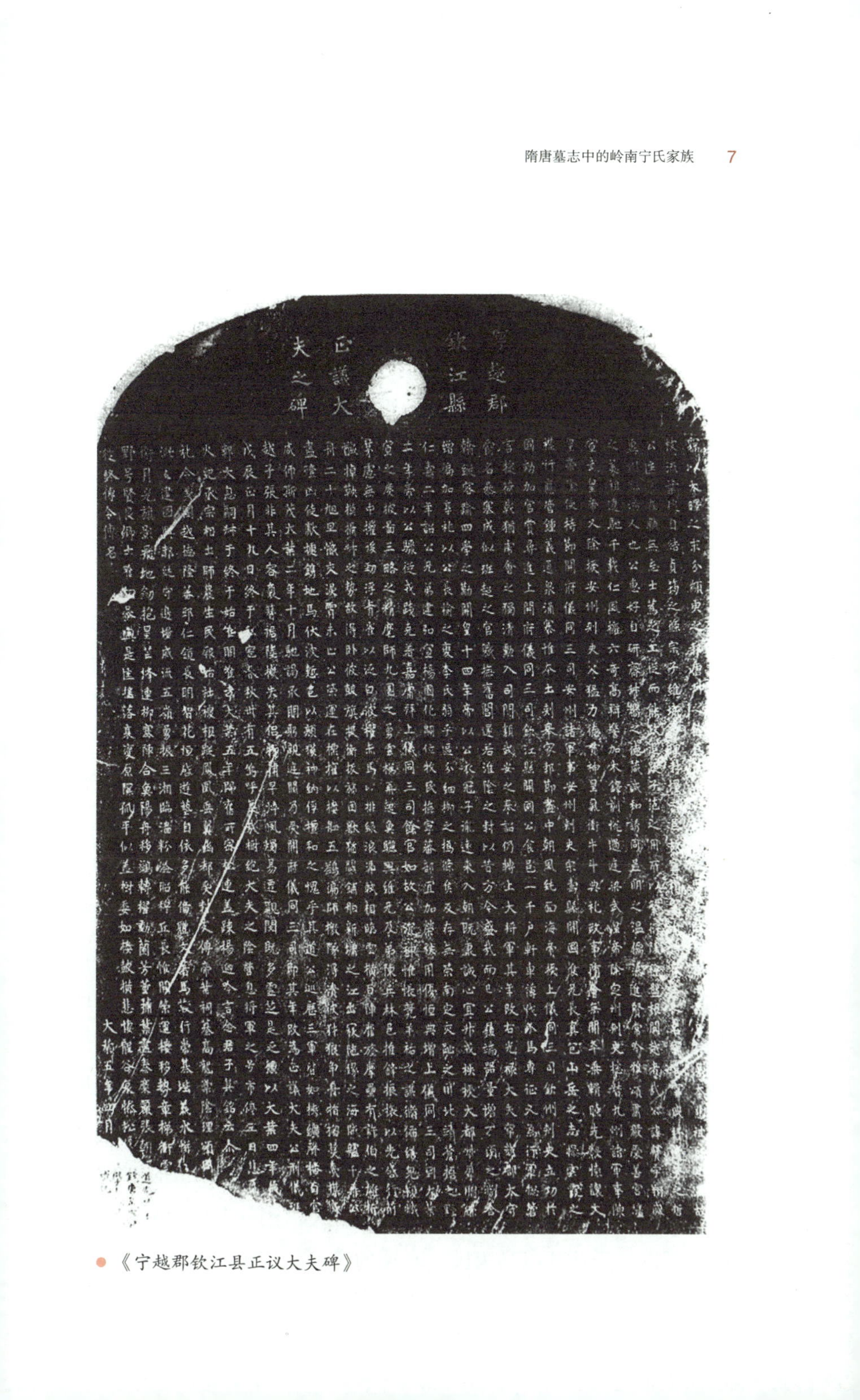

《宁越郡钦江县正议大夫碑》

# 历代碑刻中的马伏波

## ——《伏波将军庙碑》

在中国数千年的悠久历史中，不乏因做出了极为显赫的功绩或具备令人敬仰的德行而被人民所铭记，并渐渐成为民间信仰中如神明般的人物。如于蜀中治水的李冰，为救渔民而遇难的林氏女妈祖，忠义神勇的关羽。但在粤西地区，我们想到的第一人则是东汉名将伏波将军马援。

伏波信仰是岭南地区重要的信仰，汉代有两位伏波将军，一是西汉的路博德，一是东汉的马援，他们都与中原王朝南征交趾有关。南征交趾是汉文明在岭南地区标示主权、划定疆界的行为。两广地区伏波信仰非常流行，很多地方都建有伏波将军祠或伏波将军庙，屈大均在《广东新语》中就说："伏波祠，广东、西处处有之。"而广西境内的伏波将军庙供奉的是马援，因为马援与广西有着更为直接的关系。

马援，字文渊。他是右扶风茂陵人，也就是现在的陕西省兴平市人。他是战国时赵国将军赵奢的后人，因赵奢的爵号是马服君，所以其子孙便以马为氏。马援的曾祖父马通，因功劳封为重合侯，他的祖父宣帝时以郎持节，号使君。可见，马援出身于官宦世家，是将门之后。马援生活在西汉、东汉之交，年轻时正值王莽篡汉，建立新朝的时候。他是家中的幼子，有三个哥哥，都有才名，仕于王莽新朝。大哥马况任河南太守，封穷虏侯；二哥马余为中垒校尉，封致符子；三哥马员为增山连率。马援少年时就胸怀大志，曾拜汉代大儒匡衡弟子蒲昌为师，学习《齐诗》，而且他长得一表人才，身高七尺五寸，以汉尺长度换算，大概175厘米，在当时是比较高大伟岸的。

现在我们知道马援最显赫的功绩是平定交趾征侧、征贰的叛乱，其实他为刘秀东汉王朝的建立也立下了很大的功劳，是刘秀麾下举足轻重的大臣。在王莽当政时，马援先到边郡放牧，后被推荐做了郡城督邮，他因为同情重刑犯，私自将其释放而弃官逃到北地。后来虽然遇赦，但他没有返回故乡，而是继续在北地畜牧，由于氏族的威望，很多人都来投靠他，渐渐地他就管理了好几百户人家。他漂泊在外也能够发家致富，后来又把财富都分给了邻里和亲族，可以说既有才又有境界。后来各路诸侯纷纷起兵反抗新朝，马援虽被王莽任命为新成大尹，却没有赴任，而是再次到了凉州。隗嚣那时占据天水，他礼贤下士，所以关中到北边避乱的士人都投靠了他，马援也去投靠他，并受到礼遇。当时，天下群豪以蜀中的公孙述和关东的刘秀两个集团实力最强，隗嚣需在二者间作出选择，便委托马援出使两家探查究竟。经过比较，马援看出天下人心思汉，刘秀是天命所归，所以劝说隗嚣归附刘秀。隗嚣虽然也派长子到洛阳做人质，但又听手下王元等人的劝说，而不愿意归顺刘秀。马援见隗嚣不听劝谏，就携家归附刘秀。马援始终担心隗嚣，多次写信劝说，但隗嚣认为马援背叛自己，收到书信就更为愤怒，直接发兵抗拒汉兵。马援见无法劝动隗嚣，才向刘秀陈述打败隗嚣的谋划。隗嚣的溃败为刘秀统一扫清了障碍。

后来，马援出守陇西，采取弹压和怀柔并施的政策，降服了之前亲附隗嚣的羌人，依附公孙述的氐人见马援善待羌人，也纷纷来归，公孙述也就势单力薄了。这便是马援在平交趾之前的生平要事，可以说马援虽然胸怀大志，又有勇有谋，却在归附刘秀之后，并没有完全得到施展才华的机会，但所有的蛰伏都是为了更好地绽放而蓄力。

平交趾是马援一生中最重要的功绩，他也因此与广西结下了不解之缘，最终使他成为千年来被广西人民所铭记和悼念的英雄。建武十六年（40）交趾郡土酋首领之女征侧、征贰起兵叛汉，合浦（广西合浦）、九真（越南中北部）、日南（越南中部）三郡境内的“蛮俚”纷纷响应。叛军寇略岭南六十余城，光武帝环顾左右，当年陪他打天下的功臣宿将，都已尽显暮气，只有马援仍富有英气，所以光武帝亲自任命马援为伏波将军，令他南征交趾。马援的部队沿着海路推进，不辞艰辛，千里跋涉，终在浪泊与叛军接战，并大破叛军。敌军被斩杀数千人，上万人投降，征侧带着残军逃入禁溪。后来经过多次战斗，建武十九年（43）马援斩杀征侧、征贰。光武帝封马援为新息侯，食邑三千户。受封后，马援慰劳军士，并对他们说：“我的堂弟常爱怜我有建功立业的志向，对我说：‘人生一世，有吃有穿，在难行的路上有车可坐，可以驾匹缓慢的马，在郡县中做个掾史，守着祖先的坟墓，大家都说是个好人就够了，追求太多都是自找苦吃。’当交趾叛军没有被灭的时候，浪泊、西里之间，水面上都是毒雾弥漫，天上的鹰都会跕跕坠落。回想起堂弟对我说的话，哪能做得到呢！如今幸赖士大夫的努力，才能蒙受大恩，侥幸在你们面前封侯晋爵，我心中是既高兴又惭愧啊。”将士们都感受到了他人生感慨中的慷慨豪情。

斩杀征侧、征贰后，马援并没有立即班师，而是率军继续进击二征余党都羊等势力，最后完全平息了九真和峤南，并铸立铜柱作为汉王朝南部疆界的标志。他对待越人也采取了弹压与怀柔兼施的方法，为当地的郡县修治城郭，改善交通，建立水利设施，推广中原农耕技术，彰明越律和汉律的不同，对越人申明旧制，用越人的律法对他们进行约束。这些举措使南部边疆重返安宁，有效地维护了汉王朝的统一，造福一方百姓，并推动了西瓯骆越地区文化与中原文化的交流与融合。

在广西众多的伏波将军庙中，最有代表性的当属横州乌蛮滩伏波庙（今横州市云表镇六河村郁江北岸），这座伏波庙历史悠久，传说始建于东汉时期，而今存的北宋《伏波庙记》则可证明此庙在北宋庆历年间便重新修缮过，后来明清时又经历了多次修缮和重建，现在的乌蛮滩伏波庙占地面积约1600平方米，建筑面积约990平方米，呈三进两院布局，气势雄伟，是两广一带规模最大、保存最好的伏波庙古建筑。因为马援巨大的影响力，历朝历代留下的关于马援的石刻也很丰富，其中位于横州乌蛮滩伏波庙外明代蒋山卿所撰的《伏波将军庙碑》极有代表性。

蒋山卿，字子云，扬州仪真人（今江苏省仪征市），明正德甲戌（1514）进士，官至广西布政司参政。蒋山卿是明代著名文人，工诗文，善书画，有《南泠集》。他所撰的《伏波将军庙碑》刊于嘉靖七年（1528），是为纪念修缮横州乌蛮滩伏波庙完工而作。据《中国西南地区历代石刻汇编》，该碑拓片长193厘米，宽77厘米，碑额“伏波将军庙碑”为篆书，碑文为行书。

文章开篇便开宗明义，指出古代那些能够任大事立奇功，为国家作出贡献并名垂千古的豪杰，都有三项品质：几、忠、智，而其超越凡人，能传之于后的精神和影响力便存在于三者之间（“神存乎其间”）。接着便从几、忠、智、神四个方面结合马援的事迹予以分析。作者认为，征侧在遥远的南疆起兵反汉，朝廷弃之不顾，但马援则知道时不可失，毅然前往，这是能够审时度势、抢抓时机的表现，这便是“几”；交趾远在千里之遥，加之气候炎热，艰难重重，但马援能够犯难不顾，这是为国事而勇于牺牲，这便是“忠”；平定交趾后，树立铜柱划定边界，重申旧制约束越人等措施，识度超迈，处置得宜，确保了边疆的长久安定，这便是“智”；而千百年来，在边疆内外，他仍被视作神明，这样的影响力便是“神”。然后感慨马援与光武帝君臣契合，两相成就。最后，言及修缮伏波庙的因由，指出伏波庙在横州乌蛮滩北岸，这里的百姓每逢特定的节日，或是遇到旱灾、疾病等厄难时都会向马援祭拜祈福。往来的行旅之人也会进行祭拜，但庙宇鄙陋，与其显灵庇佑的身份不符，所以州府对其进行了修缮。文章立意高远、构思巧妙、文笔不凡，既表现出了马援作为“利国家垂永久者”的崇高品质和英勇气概，又有对历史的卓识，足以发人深省。同时，文章末尾也体现出当地人民已经把马援当成守护一方的神灵。

自唐代起，王朝为维护统一，加强对岭南少数民族地区统治，推动了伏波信仰的建立，以作为王朝“羁縻”制度在意识形态上的配合。在民间，人们对伏波将军的信仰表现为“岁时伏腊必祷焉，旱札瘥必祷焉”。伏波信仰与民众生活息息相关，伏波将军成为庇佑一方的保护神。因此，伏波信仰既

《伏波将军庙碑》

体现了国家正统神明的色彩，又体现了地方民众的信仰基础，对边疆地区少数民族在文化观念上树立起国家认同感起到了不可估量的作用。

还值得一提的是，到了晚清时期，随着外国列强对我国的侵略，马援的事迹又与广西地区抗击法国侵略者的现实关联起来，成为鼓舞守边将士抵御外侮的精神寄托，从而给伏波信仰带来了新的时代内涵。这在石刻中也有体现，如时任统领广西边防各军提督衔广西柳庆镇总兵，参与镇南关抗击法国外寇战争的马盛治，他在凭祥伏波庙和睦南关（今友谊关）各刊一碑，即《隘口伏波庙碑记》和《建睦南关马援祠碑》。在《隘口伏波庙碑记》中，他认为马援征蛮，擒征侧、征贰，立铜柱，标汉界的功绩前所未有，至今当地的民众仍然思慕其德。作为边将，马盛治自觉地以马援为榜样，希望能够在捍卫国土、保家卫国的战斗中，延续马援的赫赫功名，不愧于心，不愧于民。在《建睦南关马援祠碑》中，马盛治说，想到广东边界有一半曾属于交趾，这交趾之地是以前马援经过艰苦战争而打下的国土，他对人民有功，所以到现在人民还在伏波庙祭祀他。同是马家人，马盛治在追思马援时，胸中慨然生起光复铜柱的志向，他认为马援的在天之灵一定会保佑他完成宏愿。这二碑内容均体现了以马援为榜样，希望马援能庇佑将士保家卫国、战胜侵略者这一新的文化内涵。

## 罗池庙碑与柳宗元
### ——《柳州罗池庙碑》

柳宗元是中唐时期的大文豪，是古文运动的领袖，他那脍炙人口的诗文名篇流传千古。对于文史学家来说，柳宗元还是心怀天下、勇于革新的政治家；是思想深邃、见识超绝的思想家。对于广西人民，特别是柳州人民来说，他还是功在当代、利在千秋的父母官，是福佑一方、享祀千年的罗池神。

现在柳州柳侯祠内，有着众多的石刻，其中以韩愈所撰，苏轼所书的《荔子碑》最为著名，它因为集“韩文、苏书、柳事”（韩愈的文章、苏轼的书法和柳宗元的事迹）于一体，故也被称为“三绝碑”，不仅朱熹誉其为“奇伟雄健”，王世贞更视其为苏轼“书中第一碑”。此碑的内容实际是韩愈所撰《柳州罗池庙碑》文末的《迎享送神诗》，因诗首句的“荔子丹兮蕉黄”而得名。唐元和十四年（819）柳宗元在柳州刺史任上病逝，他逝后第二年，柳州人民为其建衣冠冢和罗池庙，以为纪念。约在长庆三年（823），韩愈为柳州人民撰写罗池庙碑文，由沈传师书，陈曾篆额。沈传师也是唐代著名书法家，朱长文《续书断》把他的书法和欧阳询、虞世南、褚遂良、柳公权等人的书法并列为妙品，可见《柳州罗池庙碑》在文学、书法等方面也与《荔子碑》一样，具有无与伦比的价值。

二百余年后，当苏轼南下广东途经湖南时，应邀书写《罗池庙碑》，苏轼本对柳宗元的气节和文才很是钦慕，再加之同样被贬南荒的遭际，故应允挥毫，但他没有写《罗池庙碑》的全文，而是用健劲浑厚的笔力书写了《罗池庙碑》文后的《迎享送神诗》。是碑于南宋嘉定十年（1217）刻于柳州罗池庙，即如今的柳侯祠。

现在柳侯祠中有三块与韩愈相关的石刻，除《荔子碑》外，还有《柳州罗池庙碑》的重刻二件，一件是1977年根据《书首全集》唐碑拓印本重刻，碑文缺漏较多。另一块未注明所刻年月及所据本，日本学者户崎哲彦《韩愈撰〈柳州罗池庙碑〉之复原及其庙碑失存年代考略》文中说是20世纪80年代据宋代拓本影印件复制。

《柳州罗池庙碑》碑文内容中所谓的“柳事”，指的是柳宗元人生最后四载在柳州刺史任上的惠政。韩愈《柳子厚墓志铭》谓柳宗元生平为“材不为世用，道不行于时也”。柳宗元少怀经世大志，又有着卓绝才华，年仅21岁便进士及第，早期的仕途也“超取显美”，贞元十九年（803）便由京兆府蓝田县尉入朝任监察御史里行，从而能够成为革新派的主将，参与到革新之中。永贞革新可以说是柳宗元一生的分水岭，在短短的半年中，他也曾满怀希望，能够将一腔才华尽数施展。但永贞革新只将希望寄托在孱弱患病的皇帝、个别宦官和妃子身上，本身根基就不牢固，它受到势力强大的宦官集团和保守官僚的包围，特别是在选立太子的问题上受到挫折，就走向了革新失败的结局。作为踔厉风发的革新斗士，柳宗元与韦执谊、韩泰、陈谏、刘禹锡、韩晔、凌准、程异一道被贬为远州司马，这便是著名的“八司马事件”，也是他一生患难的开始。

柳宗元在永州十年，虽是正六品上的州郡司马，但司马本已是“闲官”，他的官职还是“员外置”，也就是编制外。按照当时朝廷规定，员外和试官是不得干预政务的，也就是说在永州的十年中，柳宗元实际上就是一个被拘束于南荒的“系囚”。还好的是被迫退出政治活动，又无官务萦身，柳宗元可以把主要的精力投入到理论研究和著述之中，所以这个时期也是他理论研究和文学创作的高峰。

元和十年（815）三月，当柳宗元再次踏上南行的道路时，他一定感觉到这年年初数月的经历就像一场不真实的梦。一月前，他才满怀喜悦之情，踏上这阔别十年的归朝之途。他以为自己终于等到了朝廷昭雪的机会，并在路途中写下了“十一年前南渡客，四千里外北归人。诏书许逐阳和至，驿路开花处处新”（《诏追赴都二月至灞亭上》）的诗句，但哪知道刚入长安，等到的却是一道再次被贬为远州刺史的诏命。这次他被贬为柳州刺史，官位虽然提高了，但地方却是更远了。而且，面对着沉重的打击和恶劣的环境，柳宗元在精神上和身体上都面临巨大的压力，在永州时他便病魔缠身，到柳州后，同样患病不断，身体虚弱，刚过四十，头发已然苍白。

虽然经过世事变迁，柳宗元已经失去了早年的锐气，但好在与之前任编外司马的情况不同，这里虽是边荒小州，但一州刺史乃是实职，能够尽其所能，在有限的范围内发挥其治世之才。也许他自己也未曾想到，短短四年的惠政能够被柳州人民铭记千古，自己甚至被尊为神灵。柳宗元在柳州有着许多行之有效的政绩，但能深得民心者，主要在于他从未把柳州人民视作蛮夷，而以赤诚之心待之。韩愈虽在政见上多与柳宗元有争论，但确实是知宗元者，《罗池庙碑》开篇便说："柳侯为州，不鄙夷其民，动以礼法。三年，民各自矜奋：'兹土虽远京师，吾等亦天氓，今天幸惠仁侯，若不化服，我则非人。'""不鄙夷其民，动以礼法"是柳宗元对待柳州人民的态度，而正是如此换来了"吾等亦天氓"的国家认同感。之前来柳州为官者，未有政绩的记载。柳宗元是唐代为开发柳州作出了突出贡献并留有记载的第一人。这为之后历朝历代流寓岭南为官者作出了榜样，对岭南的经济文化发展和各民族交流融合都影响深远。

接着碑文以柳州老少的口吻道出柳侯的为政之功："于是民业有经，公无负租，流逋四归，乐生兴事。"这是说人民都有了常业，百姓不会因赋税而有大的负担，四处的流民都来归附，安居乐业。后面一段是对柳州情形的具体描述："宅有新屋，步有新船。池园洁修，猪牛鸭鸡，肥大蕃息。"这是写柳州经济社会的繁荣。"子严父诏，妇顺夫指，嫁娶葬送，各有条法。出相弟长，入相慈孝"，这是写柳州社会风气淳厚。以上这些都是施政的成效。接着韩愈选取了两件重要事情来说明柳宗元的惠政。一是解放奴婢，当时柳州畜奴之风盛行，不仅贵族、富家多有奴隶，而且还存在穷人借高利贷无法归还，便没身为奴的陋俗。柳宗元规定“以佣除本”，即让卖身为奴的人按服役期限计算报酬，到报酬与欠款相抵时，便解除奴役关系。这一方法，使许多没身为奴者重返自由。第二件是普及文化教育，这便是碑文中所写“大修孔子庙”。他一方面提倡儒教，除陋习兴礼仪；另一方面还通过佛教来改变以前民风剽悍、巫术横行的情况。同时，他在文人中巨大的影响力，吸引大批学人前来柳州追随，推动了柳州文化水平的提高。此外碑文中言“城郭巷道，皆治使端正，树以名木”，是写柳宗元对城市的整饬，即修整城郭道路，使其端正笔直，并在道路两旁都种上了树木，进行了绿化，使市容市貌面目一新。

除碑文中所及，尚有一事值得一提，柳宗元还在柳州推广农业生产技术，并因地制宜在城西北种植数百棵柑橘。他还写下了《柳州城西北隅种甘树》一诗记录此事：“手种黄甘二百株，春来新叶遍城隅。方同楚客怜皇树，不学荆州利木奴。几岁开花闻喷雪，何人摘实见垂珠。若教坐待成林日，滋味还堪养老夫。”

碑文最后记录了柳侯显圣的有趣事迹。说在柳宗元逝世前一年，他与部将魏忠、谢宁、欧阳翼在驿亭饮酒，柳宗元对他们说明年自己会死，死后会变成神，并嘱咐他们三年后为自己建庙祭祀。到第二年柳宗元果然去世，第三年柳宗元的神灵降临到州府后堂，欧阳翼等人看到后拜见了他，这天夜里，柳宗元又在梦中告知欧阳翼在罗池建祠。庙成大祭之时，有名叫李仪的过客喝醉

荔子丹兮蕉黄雜肴兮進侯之堂侯船
兮兩旗渡中流兮風汩之待侯不来兮不
知我悲侯乘白駒兮入廟慰我民兮不嚬
兮以笑鵝之山兮柳之水桂樹團々兮白石
齒々侯朝出游兮莫来歸春与猿吟兮秋与
鶴飛北方之人兮謂侯是非千秋万歲兮
侯無我違願侯福我兮壽我驅癘鬼兮山
之左下無苦濕兮高無乾秔秫充羨兮蛇
蛟結蟠我民報事兮無怠其始自今兮欽
于世々

苏轼书《荔子碑》

酒，在庙中堂上有慢侮的行为，结果突然暴病，扶出庙门就死了。

柳宗元本来是很有理性精神，从不言鬼神灵验之人，却在去世不远，就有成神灵验之事。其实，从唐时便有柳侯成神的传说，正说明柳州人民对柳宗元的爱戴和怀念。“罗池神”的信仰于唐时柳州民间产生，两宋时期朝廷多次对“罗池神”予以敕封，“罗池神”信仰开始从民间走向官方，罗池庙不但“庙享不绝”，而且成为柳州境内水旱疾疫之灾的祈祷感应之所。到了元明之时，“罗池神”作为民间信仰“灵验性”的一面开始褪色，作为官方所推崇的“圣贤性”的一面得到彰显。清代的时候，“罗池神”的神灵性质已经不怎么被提及，“罗池庙”变为“柳侯祠”，并作为文教的象征仍发挥着作用。

当初朝廷把柳宗元贬至柳州，也许只是因为他姓柳，正如他在《种柳戏题》诗中言:“柳州柳刺史，种柳柳江边。谈笑为故事，推移成昔年。垂荫当覆地，耸干会参天。好作思人树，惭无惠化传。”一时戏题，竟成美谈。柳宗元虽一生坎坷，“材不为世用，道不行于时”，但能够治政惠及一城，令名流传千古，其生命的价值早已不可估量了吧。

## 扑朔迷离的宋代瑶族首领唐富八

### ——《唐富八碑》

在广西富川瑶族自治县鲁洞乡原存有一块特别的石碑，名为《唐富八碑》，自署刊刻时期是“大宋乾道乙酉年”，即公元1165年，也就是南宋孝宗皇帝乾道元年。碑文内容记载了富川瑶族唐姓始祖义保公唐富八的事迹。据碑文所记，唐富八天资聪颖，少怀大志，曾经跟随徽宗第十八子信王赵榛抗金，威武善战，多有战功。后因为对宋廷向金屈膝议和不满，于是和李成、毛善良、何廷寿等在江西起事，转战于江西、安徽两省。后来朝廷派岳飞进剿，唐富八率起义军返回广西，最后于南宋高宗绍兴二年（1132）九月失败被杀，享年46岁。如上述碑文所言，则唐富八是南北宋之交的将领，参与过抗金的战斗，又不满宋廷对金的软弱而起义对抗朝廷，最后被岳飞所剿灭，是一个有着铁血丹心的英雄人物，其事迹富有传奇色彩，可歌可泣。而当地的瑶族至今确有禁唱岳飞戏的传统，似乎为这一说法提供了证据。

但若对碑文的内容作仔细的辨析，则有许多不尽合理的地方，故有学者考订后疑其为唐氏后人的伪托之作。其主要证据有以下几点：一是碑文中所言“曾随信国公赵榛影王抗金”，赵榛并没有信国公和影王的封号，而是先被封为福国公，后被封为信王。历史上赵榛是否在靖康之难后引兵抗金有着疑问，史书也是两存之。他在靖康之难时17岁，金军掳徽宗、钦宗二帝及皇族亲眷等三千余人北归，赵榛便列于其中。一说他北行至庆源时逃脱，隐匿在河北真定府境内，当时在五马山抗金的马扩、赵邦杰暗迎赵榛，并奉其为主。赵榛派遣马扩与南宋朝廷联系，奏明北方义军情况，希望朝廷遣兵援助。但黄潜善、汪伯彦等对马扩的身份有所怀疑，所以事不能行。金人得知此事后，担心马扩真带领援兵到来，就立即发兵进攻那些起义军的营垒，又断了水源，义军战败，赵榛便下落不明。另一说，则是他与宋徽宗等人一起被迁徙到金国的五国城，即如今黑龙江省依兰县，并在那里去世。如果如碑文所写唐富八是跟随赵榛抗金之人，其后人不应该记错赵榛之封号。

其二是关于唐富八起义造反之事，也有疑点。碑文说：“奈因宋皇腐败贪乐，不顾人民死活，对金屡抱儿皇，故与同僚李成、毛善良、何廷寿等于江西图事，转战赣、皖，以暴易暴，四海声威。”文中对宋帝的口吻很是激烈尖锐，但如果该碑文刊刻于宋孝宗乾道元年，这样的言辞恐怕违法犯忌，会招来杀头灭族之祸。还有，文中所说唐富八是与同僚李成等人起事。但史书中所言，李成等乃是被金兵打散的兵士，结合而为游寇，其中势力较大的就是李成、张用、曹成等人，却未曾提到唐富八。绍兴元年（1131），岳飞奉诏讨伐流寇，先与张俊联合破李成军，李成败走后转投了伪齐。绍兴二年，岳飞进一步南下湖南讨伐曹成，转战桂州，在富川太平圩战胜曹成，并最终迫使曹成向韩世忠投降。所以岳飞入桂征讨的是曹成，如唐富八与曹成本是同僚，史书应有所载。由上面几点来看，此碑很可能并非宋乾道元年刊刻，而是唐家后人的伪托之作。

而更扑朔迷离的是，关于唐富八的事迹还有另一个与碑文不同的说法。《富川瑶族自治县志》记载，唐富八是南宋末年富川瑶族首领，也是新华乡唐姓瑶民的始祖。宋端宗末年，元军攻陷南宋都城临安，广西的大部分州县也被元军占领。文天祥、张世杰等号召各地英豪奋起保卫大宋，唐富八积极响应，参加勤王部队，并转战于湖南道。景炎二年（1277），唐富八又加入罗飞的起义军，围攻永州七月之久，在作战中，富八勇冠三军，被擢为先锋。后来元将史格领军来援，罗飞部队战败，死伤惨重，富八也英勇阵亡于永州城外。如依上述事迹，则唐富八是宋末时抗击元军的民族英雄。

两个事迹不仅年代相距较远，内容差异也很大，碑刻是宋以后唐家后人伪托之作应为事实，但这两个事迹中的唐富八哪个才是真实的，却难以定论。不过，抛开真实性的问题不谈，无论是随赵榛抗金，还是与文天祥等抗元，作为瑶人的唐富八都曾为国家的危亡而抗争，特别是在第二个事迹中，更是以身殉国，不愧为可歌可泣的民族英雄。这不正是瑶人爱国精神和维护民族团结统一的鲜明体现吗？

# 孟尝善政千古传

## ——《合浦还珠亭记》

东汉合浦郡守孟尝，因善政而使珠还的故事家喻户晓，广为流传。合浦只是东汉时期民族杂居的边陲一隅，但是孟尝能够革除弊政，治理有方，成为官吏善政的典型，实属不易。可以说，他是数不清的中原流寓岭南官员的代表。

孟尝的故事最初记录在《后汉书·循吏列传》中。孟尝，字伯周，是会稽上虞人。他被举为茂才，先任徐县令。因有政绩，被州郡举荐，迁官为合浦太守。合浦远在边陲，又是少数民族地区，这里不产粮谷，但因为靠海，多产珠蚌。其所产南珠以玉润浑圆、瑰丽多彩著称，是珍珠中的极品，秦汉时期便是皇家的贡品，有“天下第一珠”的美誉，而当地与交趾比邻，都依靠珍珠贸易来换取粮食。孟尝之前的合浦太守都很贪婪，使人采求无度，渐渐地珠蚌就转移到了交趾海域。合浦因失去了依赖的珍珠，商旅不再前来，人民失去了资产，甚至有人饿死于道路之上。孟尝到任之后，去除了以前的弊政，体恤百姓。不到一年时间，珠蚌又回到合浦，百姓们重拾产业，商货再次流通，这便是“珠还合浦”的故事。

“珠还合浦”的美丽传说流传久远，并作为典故不断地出现在诗文之中，激励和警醒着无数的地方官员应如孟尝一般忠于职守、勤政爱民。同时它也成为丰富灿烂的南珠文化的重要组成部分，催生出海角亭、孟尝太守祠堂、孟太守风流坊等诸多与之相关的文化遗址，还珠亭便是其中比较有代表性的一个。

还珠亭建立的时间很早，据说最早建于宋代，在还珠岭下。到明代时已经毁于兵火。明代景泰五年（1454），时任廉州知府的李逊，在原址偏南的地方重建了还珠亭，而且还在亭子之后建了孟太守祠。竣工后，由佥事李骏撰写《合浦还珠亭记》，刊刻纪念。

碑文第一部分是对还珠亭重建情况以及碑文撰写背景的介绍；第二部分则是通过对孟尝事迹的评价，阐明重建还珠亭的意义，尤其值得一读。碑文从州郡守吏责任之重大说起，指出州郡守吏虽然地位上不像诸侯那般尊贵，但实际的权势是差不多的。诸侯刚被分封时，封地大的不超过五百里，小的则仅有百里。而现在一府之地达到千里，府之下的州也有数百里，在如此大的界域内，“俗之登耗，政之巨细，金谷之出纳，教化之张弛，皆悬于长吏之贤否，以故择吏者慎之”。“登耗”指的是古代户籍的管理，要求及时登记新出生的人口，除去死亡的人口。这一句话是说州府的户籍管理、行政事务、财税管理、文化教育这些重大事务是否管理有效，都维系于地方长官是否贤能，所以考察选派官员要谨慎地对待。

接着文章便转到“珠还合浦”的传说上来，碑文说当时汉室东迁，对于地方行政督促责任较严，当时在合浦郡为官者，都贪求珠宝，致力于无度的征收：“由是含胎孕珠之蚌，亦皆苦之而徙于他境。为政之弊，一至于此，尚何望其有所建明哉！”导致孕育珍珠的海蚌，都以官员的诛求为苦而迁徙到了其他地方。为政的弊端到了这样的地步，又怎能希望这些官员有其他的建树呢？只有孟尝来此上任后，去害兴利、政通民和，修订完善了礼乐教化的制度，各种灾祸不再降临。于是人和物都不再受弊政之苦，那些迁移到其他地方的珠蚌，也有感而返回。如珠蚌这样没有智慧的生物都能有感于孟尝的善政，何况合浦郡的人民百姓？他们当时都蒙受了孟尝的惠爱。而维系于郡守的政事也无不有所建树。像孟尝这样的人，确实可以称为东汉州郡长官之最，能够成为百世学习的表率。如今离孟尝的时代已有千百年，但人们对孟尝的怀念仍如当时，由此便知善政感动人心，千年来没有一时不是这样。有上述的解释和铺垫，揭示修亭之意便水到渠成：如今知府李君能够顺应民心，通过重修这个亭子彰显孟尝廉政爱民之义，以劝诫官员、激励世风，所以他为政未尝不是效法孟尝。

碑文借阐发“珠还合浦”之内涵，彰明重修还珠亭的意义。文章的目的是阐明李逊建亭之义，但李骏却不由此开篇，而是另起炉灶，从大处着笔，先言郡守职责之大，自然引出孟尝和珠还合浦的故事，再通过对珠还合浦意义的阐发自然过渡到修亭之义。文章三层意义衔接自然、眉目清楚，读之使人深受启发。在具体的内容上，作者遣词用字也有很精妙的地方，如上文所引

“由是含胎孕珠之蚌，亦皆苦之而徙于他境”一句中的“苦”字，将蚌之不堪弊政而被迫迁徙形容得特别生动，同时突出了“物犹如此，人何以堪”的用意。

珠还合浦的故事，能够从当时民族杂居、南疆边陲的合浦郡流传成为享誉中华的美丽传说，被整个中华民族所传颂，本就是民族交融、中华一统的体现。它可以说是中华廉政文化传统的代表，在推动新时代中国特色社会主义建设，实现中华民族伟大复兴的今天，孟尝的故事仍有着积极的教育意义，正如《合浦还珠亭记》所言：“善政之感于人心，殆千载一时而未尝有间。”孟尝之善政，真是足为百世楷模。

# 通书法、优文词的土州官族赵养素

## ——《恩城土州官族赵养素墓志碑》

位于今天广西壮族自治区西南部的崇左市大新县，是一个与越南比邻的边陲县城，这里峰峦耸翠、山色旖旎、瀑影婆娑，秀美的景致令人沉醉。这里也有着浓厚的民族风情，自古以来便是壮族人民的世居之地，至今仍有九成的居民是壮族。更值得一提的是，在民国之前的千年历史中，大新曾有养利、万承、太平、下雷、茗盈、恩城、安平、全茗八个土州，被八个土司家族所管理，其土司分布之密集、存在时间之长久、改流进程时间之不一，充分体现出此地土司制度的多样性、复杂性和典型性，具有突出的地域特征。这里的石刻遗存也非常丰富，而且有许多石刻与当地的土司相关，向我们展现了土司地区政治、经济、社会、文化等方面的生动细节，并成为当地深厚的土司历史文化的组成部分。

恩城赵氏在大新八大土司家族，乃至整个广西的土司家族中都有着代表性，他们不仅历史悠久，延续时间长，也是当年落后边陲文化素质最高的土司家族。这从他们留存下来的碑刻中便能体现出来。如本文将要介绍的《恩城土州官族赵养素墓志碑》。

这方墓志碑刊刻于明崇祯六年（1633），墓主赵养素是恩城赵氏土官家族子弟，据墓碑所载，他出生于嘉靖四十三年（1564），逝于崇祯二年（1629）。碑文记载了赵养素的家世和生平事迹。

如同许多广西土司家族，墓志碑文将赵氏祖源追溯到北宋时的山东青州益都县，其先祖原为汉族，奉命随军出征。侬智高被平定后，这些汉族将领因军功被任命为这些少数民族地区的世袭土官。无论这样的说法是否符合历史真实，通过这样的溯祖行为，恩城赵氏家族便形成了对中原内部地缘、血缘统一性与连续性的认知。

赵养素兄弟三人都有文才之名，而赵养素最为特出，幼年时便学习诗书，长大以后又娴熟韬略。他性格温和，心胸坦荡宽广，从不盛气凌人。他言语真诚不浮夸，也不炫耀文采。赵养素精通书法，擅长王羲之楷书，更优于文词。碑文称美墓主，把赵养素描写成了有着深厚汉文化修养的儒家风雅之士，足见当地对汉文化的向慕之情，以及赵氏家族浸润中原文化之深。

因为杰出的文化修养和文学才能，他先被土司任命为文房，掌管官署的文书，再被提拔为兼案总印、总案，晋权州、都总州等职，这些职位都是土司衙门的属官官职。他年长之后，又被授予了“辅老之名”，以示尊崇，足见其所受土司恩宠之隆。

接着碑文写墓主的政绩。赵养素以臣职辅佐土司，不仅是为了个人的荣华富贵，更是为了能斡旋于土司和州城人民之间，劝勉土司关心人民疾苦。土司筹划修建桥梁之时，让赵养素总领督办，他非常勤勉，日夜不休，因此工匠们都兢兢业业，数月间就建成了五座拱桥，使恩城人民不再因江水所限而出行不便，这是可造福百世、不可磨灭的功绩。

碑文最后总结墓主生平，认为赵养素“立身行己，衾影无惭，其德足称；志专报主，为国为民，其功足录；命意修辞，以通僯（邻）好，其言足述”，在德行、事功、文词上都无愧色，而且他谦虚守拙，“出则匡时，处则厚俗”，可以称为一代豪杰。

赵养素能够受人称道，除了自身有良好的修养和优秀的文才，也得益于土司的赏识和重视，上下一心，互相成就，才能取得“本固邦宁”“治声甲于两粤”的成就。作为土州官族子弟，赵养素能以文才称世，所事两任土司，又能因其文才而重用赵养素，足以见恩城赵氏土司家族对汉文化的重视。

这篇碑文是与赵养素有通家之谊的晚辈李天培所写。文章以“立德、立功、立言”三不朽开篇，叙墓主生平事迹，先言其德行文才，再写其尊崇的地位，再写其功绩，最后对其生平进行总结，称赞赵养素的德行、事功、文词，足称豪杰，与开篇前后呼应。对其功绩，选取修桥一事为例，突出其关心民生、造福百姓这一重点。文章结构巧妙，层次井然，叙事繁简得当，言辞以散体为主，穿插工整的骈句，具有较强的可读性。其文章之成熟，用笔之老辣，足见作者深厚的文学修养。这篇碑文本身也是当地文化氛围的一种体现，称恩城赵氏为当时土司中文化素质最高者，其言可谓不诬。

# 高产的壮族诗人冯敏昌

## ——《清诰授奉政大夫刑部主事鱼山冯君墓表》

岭南地区自清初屈大均、陈恭尹、梁佩兰“岭南三大家”开始，有成就的诗人不断涌现，乾隆时期黎简、吕坚、张锦芳、黄丹书并称“岭南四家”，张锦芳又与冯敏昌、胡亦常并称“岭南三子”，一时间蔚为大观，共同造就了岭南诗歌的中兴局面。来自钦州的壮族诗人冯敏昌，以其格调高华的诗歌创作，为时人所称赏，在盛极一时的岭南诗坛卓然成家，并对后来的岭南诗人产生了积极的影响，毫无疑问是乾隆时期岭南诗人的杰出代表。

冯敏昌，字伯求，号鱼山，于乾隆十二年（1747）出生于廉州府钦州长墩司南雅乡（今广西钦州市钦北区大寺镇马岗村）的一个书香家庭。他的曾祖父冯徵麟为增广生，赠翰林院编修；祖父冯经邦为岁贡生，署开建、临高、花县教谕，初封编修，晋封奉政大夫、刑部主事；父亲冯达文为岁贡生，曾任训导。此家族虽无显宦，但文人辈出。在注重文教，文化氛围浓厚的家庭环境熏陶下，冯敏昌自幼便接受了良好的文化教育，并展现出超越年龄的天赋。根据《小罗浮草堂文集》卷首年谱，他七岁开始在曾祖父的指导下学习《诗经》，八岁便已学完四书五经。九岁时好读唐诗，并展现出诗歌才能。一次冯敏昌的父亲和朋友登家乡钦州文笔峰，敏昌随行，在峰顶，九岁的敏昌即席赋诗："长江泻万里，砥柱挽文峰。上眺三台近，遥观百雉空。凭虚发长啸，临远豁孤衷。极海扬眉处，云帆波浪中。"诗歌以文笔峰和钦江为主要描写对象，极目远眺下的浩渺江水与擎天耸立的文笔峰遥相呼应，雄奇广袤的山水之境与诗人凭虚临远的心境感受融洽无间，体现出冯敏昌的非凡禀赋和出众才华，令人难以想象这是一位年仅九岁孩童的随兴抒发，怎能不让人称奇？

十岁时冯敏昌开始学习科举制艺，十六岁时跟随父亲入肇庆端溪书院读书。始建于明万历年间的端溪书院在乾隆时已经成为两广地区规模最大的学府，全祖望等知名学者曾在此掌教。雄厚的教育资源和浓郁的学术氛围让冯敏昌受益匪浅。乾隆三十年（1765），十九岁的冯敏昌参加廉州郡试，正值翁方纲任廉州学使，冯敏昌的学识得到了翁方纲的赏识，擢为拔贡，也由此开始了与翁方纲的师生之谊。此后，冯敏昌多次入京参加会试，终于在乾隆四十三年（1778），三十二岁时以会试二十五名、殿试二甲的成绩中第，入选翰林院庶吉士。自古"学而优则仕"，进士中第的冯敏昌自然走上了仕途，但他的宦途并不顺遂，仅有四五年短暂的仕宦生涯，先后任翰林院编修、户部主事、刑部河南司主事。在翰林院编修任上，他被钦点为武英殿分校官，参与《四库全书》编纂。乾隆五十年（1785），三十九岁的冯敏昌在对仕途失望的情况下，放弃做官，开始全国漫游，在五六年的时间里，他遍游五岳名胜，足迹踏遍神州。丰富的体验，使他的眼界极为开阔，“其悱恻之情，旷逸之抱，一寓于诗”，为他的诗歌成就带来了很大的助益。

冯敏昌的一生中，书院执教的经历占有很重要的比重，乾隆五十三年（1788）冯敏昌四十二岁后，先后主讲河南孟县河阳书院、花封书院，广东肇庆端溪书院，广州粤秀书院、越华书院。他为人师表、诲人不倦，作七经解说、《四书》讲义，以及《汉魏六朝五言古诗选》《唐人五言律诗选》《古文合选》《文章心印》等文赋诗选十余种，作为讲学之用，并制定《学规十六条》以振作学风。他桃李满天下，为岭南的文化和教育发展作出了巨大的贡献，罗桂芳、谢兰生、张维屏等都是他的门生。

冯敏昌被称为一代鸿儒，其成就是多方面的，最有代表性的是他的诗歌。作为岭南诗坛巨匠，一生作诗二千余首，其诗以真切简远、平淡古朴的风格见长，并融入了对岭南，特别是对家乡钦州的风土人情的描写，从而体现出比较突出的地域特征。他在主讲河阳书院时，还受托主编《孟县志》。这本志书史料翔实、构图实用，为修建黄河防洪堤提供了很好的参考依据。民国《孟县志》之序称冯志“例严词正，考据精核，有非庸凡楮墨所可企及者”，故一时文人皆盛称《孟县志》为善本。此外，冯敏昌还是杰出的书法家和金石学家，他的书法师法二王（即王羲之、王献之父子），又独创“鱼山执笔法”，隶书、草书都自有新意，自成一家。

冯敏昌一生交游广泛，在众多的师友中，对他影响最大的当然是与之有师生之情的翁方纲。翁方纲不仅是他的伯乐，在其未冠之年便赏识其才华，并不吝奖掖，更是在其一生中予以教导和关心。两人的深厚情谊堪称一段佳话。在冯敏昌逝世之后，翁方纲悲恸异常，亲自为弟子撰写墓表，这篇《清诰授奉政大夫刑部主事鱼山冯君墓表》被冯敏昌后人立于今钦州钦北区大寺镇望海岭冯敏昌墓后。碑文不仅是对冯敏昌生平事迹的记录，也是翁方纲对爱徒生前点滴的追忆，浸润了他对冯敏昌的深深悼念之情。

碑文分为四段，第一段是翁方纲回忆当初因赏识冯敏昌文才而将其选拔贡入国学的事情，并指出在他的众多弟子中，冯敏昌"以天才独擅，屈指君为最先"。以翁方纲执文坛牛耳，门生故吏遍天下的地位，冯敏昌能被推为弟子之首，是对其文坛地位的极大肯定。

第二段写冯敏昌"笃于孝友"的为人，也是用两件事予以表现。乾隆三十五年（1770），陆锡熊典粤试，冯敏昌正参加此次考试。揭榜后，翁方纲向陆锡熊道贺，称榜上第三的冯敏昌是天下的异才。翁方纲正要引他拜见座主，恰好冯敏昌得到弟弟的讣告，悲不自胜，以至不愿去赴会试，是翁方纲强行劝勉，才去参加，足见其手足情深。第二件事是乾隆六十年（1795）除夕前一日，任职刑部的冯敏昌收到父亲去世噩耗，痛不欲生。翁方纲听闻后，马上去看望弟子，那时天降大雪，天气严寒，而冯敏昌竟整日光脚。翁方纲批评他"伤生非孝"，又多次大声疾呼，冯敏昌才穿上袜子。前来吊问的人都说："如果不是他的严师相劝，不能使他穿上袜子。"由此可见其至孝之性。

第三段写冯敏昌性嗜山水，生平遍游五岳，登顶后皆题名摩崖。翁方纲登泰山时，便在绝险之处的飞流巨石上，见到弟子所镌的擘窠大字“冯敏昌来”。冯敏昌游华山，登顶苍龙岭，大书“苍龙岭”于崖壁。他又手拓明崇祯年间所镌铁索柱文，并将拓本寄给老师翁方纲。由此表现冯敏昌的“神气闲暇”。第四段写他的生平著述，评价他“以纯笃至行而兼众长，艺林殆不数见”，可见其评价之高。最后又记其家世谱系。

这篇碑文出自一代名家之手，自然值得珍重，但其价值更在于与那些应酬请托的墓志、墓表不同，翁方纲将自己对爱徒的哀悼之情融入对冯敏昌生前往事的追忆之中，使墓表没有那些虚谀之词，而多了感人至深的情感内涵。

被其恩师翁方纲赞为“南海明珠”的壮族文士冯敏昌，能够从南疆一隅，蜚声文坛，背后离不开钦州人文环境的养育。钦州虽属南疆边城，但从秦汉时期，便有中原汉文化的传入。从《宁赞碑》《宁道务墓志碑》可见，隋唐时期，汉文化在此处已影响至深，起码管辖此地的土司家族的汉文学修养已达到了一定的程度。明清时期因戍边、充军、屯田、经商而南迁的汉人在此处寻找生存空间的同时，钦州地区汉壮文化的交融更为深入，最集中的表现就是府、州、县学、书院等传播儒家为主的教学机构普遍设立，这为提高整个边疆民族地区的文化水平创造了条件。更为可贵的是，壮族本是一个具有开放文化品格的民族，在历史上，壮族即能积极接受不同文化的融入。钦州以其独特的地理位置，逐渐形成以壮族文化为基础，以中原汉文化为主导，融合多种文化于一身，多元共生的地域文化。如此的文化特质为大批掌握汉语文知识的少数民族知识分子的涌现创造了条件，冯敏昌便是受壮、汉双重文化熏陶，并取得杰出成就的少数民族文人的代表。

## 参与中法战争的边防重臣岑毓英
### ——《御赐岑毓英入祀贤良祠碑文》《御制封赠岑毓英碑文》《御祭岑毓英碑文》

在桂林尧山高高岭岑毓英墓旁曾立有三块光绪皇帝的御赐碑，分别是《御赐岑毓英入祀贤良祠碑文》《御制封赠岑毓英碑文》《御祭岑毓英碑文》，三块御赐碑向世人讲述着这位有着赫赫军功的晚清壮族名臣的昔日荣光。

岑毓英，字彦卿，广西西林人，道光九年（1829）出生于西林县城东50公里的那劳村。在清新秀丽的驮娘江畔的山坡上，一组错落有致的古建筑群掩映于幽深的林木之中，这便是始建于明朝弘治年间的岑氏土司府，也是岑毓英的家。广西岑氏自宋代开始便是雄踞一方的土司，西林岑氏一支始于明代上林长官司岑密，乾隆时期改土归流后，逐渐沦为了寻常百姓。岑毓英是岑密的第十代孙，作为没落土司的后裔，家族显赫的历史并不能给他的人生带来助力，要想走出那劳村的一方小天地，只能通过超越常人的努力。少年时的岑毓英立志科名，发奋读书，同时在父亲的教导下坚持习武。虽然他在县、府、州三次考试中获得第一名，以文才崭露头角，但生逢晚清乱世，注定他要走上另一条人生道路。道光三十年（1850），当岑毓英因父丧暂停科考，回乡守孝时，太平军在金田发动起义，广西各地的暴动风起云涌，文武双全的岑毓英果断放弃科考，在家乡兴办团练，很快便组织起一支颇有战斗力的军队，并平定了当地的动乱，他也因功被任命为县丞，自此开启了辉煌的戎马生涯。

投笔从戎对他的人生至关重要，所以在史籍和光绪的碑文中都有所提及，如《御制封赠岑毓英碑文》称他“远衍派于棘阳，早蜚声于黉序。得充国筹边之略，奋班超投笔之思”。岑毓英能够在短短的二三十年间从一介壮族乡绅成为封疆大吏，与他平定云南的少数民族起义不无关系，便是《清史稿·岑毓英传》所言：“毓英与滇事相终始，跋扈霸才，竟成戡定伟绩。”

受太平天国运动的鼓舞，云南少数民族也举起了反清旗帜，起义迅速蔓延，大理等地相继失陷，演变为云南史上最大规模的起义。咸丰六年（1856），得知消息的岑毓英果断带领自己的团练部队入滇战斗。当时的云南局势混乱，官军战局多有不利，但岑毓英却克宜良、克路南、克澄江，劝降马如龙，解围省城昆明，一路奏凯，官职也从知县升至知府、布政使、巡抚，平步青云。同治十一年（1872），岑毓英指挥清军进攻大理，起义军首领杜文秀服毒后与清军议和，岑毓英假意同意受降，却布置重兵夹击，纵兵血洗大理，此事成为他人生的污点。同治十二年（1873年）五月，起义军最后一座城池腾越失守，云南战乱平定，岑毓英升任云贵总督。

清廷最看重的便是岑毓英平定云南危局的功绩，故在御赐碑文中对此着墨最多，如《御制封赠岑毓英碑文》：“当夫回寇乱常，疆臣失驭……几全城之尽覆，无一旅以相持。维尔孤忠，力支危局，誓灭么么之众，重劳子弟之兵。”“水鲸风动，羌助战于昆明；火牛电驰，等解围于即墨。聿宣武节，屡下坚城，九攻而魁党离心，三捷而贼酋授首。肃滇强以底定，纾魏阙之忧悬。”《御赐岑毓英入祀贤良祠碑文》：“咸丰、同治间，云南回匪倡乱，兵事孔殷……激励众心，出奇制胜，克复省城，肃清大理等府，扫穴擒渠，全滇底定，厥甚伟。”

从现代的观点来看，他最为人称赞的是援越抗法、划界固边，捍卫领土完整和国家利益的历史功绩。光绪八年（1882），法国侵略者北犯河内，越南请求清政府出兵救援。当时清廷群臣在“弃藩自保”和“固藩自保”之间争议不断。岑毓英坚定地认为作为外藩的越南是滇、越的屏障，和中国唇齿相依，理宜相助。同时，他对入越抗法的刘永福予以坚定的支持，不仅先暗助刘永福每月军饷五千两，后又拨银近二万两，还送给黑旗军、滇军自铸的开花大炮二十余尊，使之能持续反抗法军。

光绪九年（1883），岑毓英主动请缨出关抗法，十二月岑毓英率领一万多人的军队从昆明启程前往越南，在越南西线与法军战斗，特别是在临洮击溃法军进攻，不仅消灭了法军的有生力量，也有效地对法军形成牵制，减轻了东线战场的压力，为冯子材镇南关大捷奠定了基础。中法战争结束后，为了能掌握中法谈判的主动权，岑毓英参与了中越边界云南段的勘划工作，经过他的努力，在滇越勘界时“约计收回各地段不下方四百余里”，捍卫了国家利益，维护了民族的尊严。

他在中法战争中主动请缨，抵御侵略，尽最大的努力捍卫民族尊严和国家利益，其伟大的功绩和卓越的贡献，无愧于民族英雄之称。

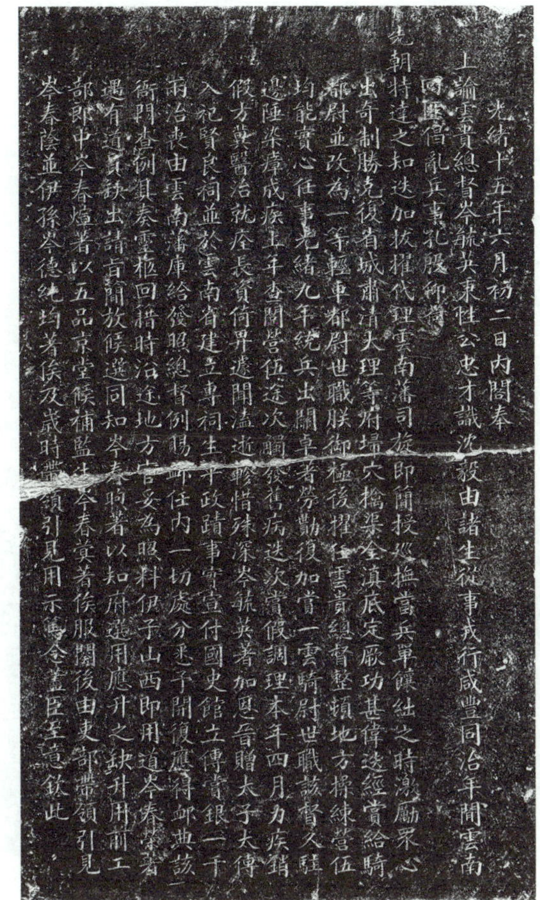

光緒十五年六月初二日內閣奉
上諭雲貴總督岑毓英秉性公忠才識沈毅由諸生從事戎行咸豐同治年間雲南
回匪倡亂兵燹孔殷仰蒙
先朝特達之知迭加拔擢代理雲南藩司旋即簡授巡撫當兵單餉絀之時激勵衆心
出奇制勝克復省城肅清大理等府埽穴擒渠全滇底定厥功甚偉迭經賞給騎
都尉並改為一等輕車都尉世職朕御極後擢任雲貴總督整頓地方操練營伍
均能實心任事光緒九年統兵出關卓著勞勤復加賞一雲騎尉世職該督久駐
邊陲染瘴成疾上年查閱營伍遂次觸發舊病迭次賞假調理本年四月力疾銷
假方冀醫治就痊長資倚畀遽聞溘逝軫惜殊深岑毓英著加恩晉贈太子太傅
入祀賢良祠並於雲南省建立專祠生平政蹟事實宣付國史館立傳賞銀一千
兩治喪由雲南藩庫給發照總督例賜卹任內一切處分悉予開復應得卹典該
衙門查例具奏靈柩回籍時沿途地方官妥為照料伊子山西即用道岑春榮著
遇有道員缺出請旨簡放候選同知岑春煦著以知府選用應升之缺升用前工
部郎中岑春煊著以五品京堂候補監生岑春蓂著俟服闋後由吏部帶領引見
岑春隂並伊孫岑德純均著俟及歲時帶領引見用示篤念藎臣至意欽此

《御赐岑毓英入祀贤良祠碑文》

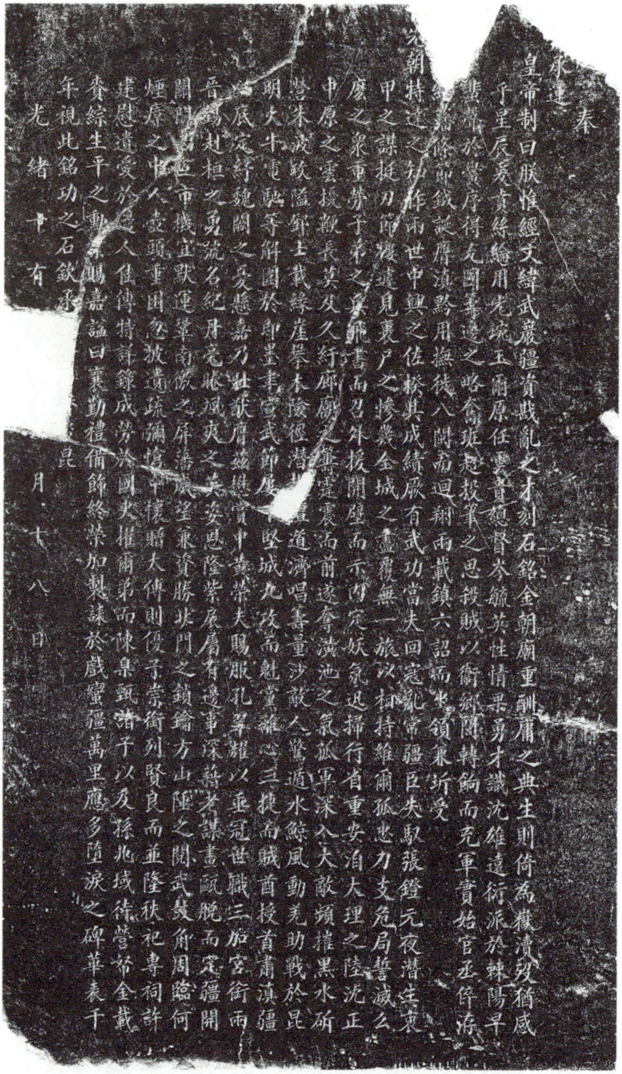

奉
承運
皇帝制曰朕惟經文緯武巖疆資戡亂之才刻石銘金朝廟重酬庸之典生則倚為嶽瀆歿猶感
乎星辰爰賁絲綸用光琬玉爾原任雲貴總督岑毓英性情果勇才識沈雄遠衍派於棘陽早
蜚聲於黌序得充團菁邊之略奮班超投筆之思殺賊以衛鄉閭轉餉而充軍實始官丞倅洊
綰條節鉞誕膺滇黔用撫綏八閩而迴翔兩載鎮六詔而坐領兼圻受
先朝特達之知作兩世中興之佐揆其成績厥有武功當夫回寇亂常疆臣失馭張鐙元夜潛生東
甲之謀挺刃節樓遠見裹尸之慘幾金城之盡覆無一旅以扶持維爾孤忠力支危局誓滅幺
麼之衆重勞子弟之兵飛書而召外援開壁而示內定妖氛迅掃行省重安洎大理之陸沈正
中原之雲擾歎長莫及久紆廊廟之籌霆震而前遂奪滇池之氣孤軍深入大敵頻摧黑水斫
營朱[illegible]致[illegible]郅土戴緣崖攀木險徑潛[illegible]道濟唱籌量沙敵人驚遁水鯨風動羌助戰於昆
明大牛電馳等解圍於即墨聿宣武節屢[illegible]堅城九攻而魁黨雖[illegible]三捷而賊酋授首肅滇疆
[illegible]底定紓魏闕之憂懸嘉乃壯猷膺茲懋賞中黃紫夫賜服孔翠耀以垂冠世職三加宮銜兩
晉[illegible]赴桓之勇號名紀丹毫聽風爽之英姿恩隆紫展屬有邊事深藉老謀畫甌脫而定疆開
關門[illegible]市機宜默運肇南徼之屏藩威望兼資勝北門之鎖鑰方山陲之閱武鼓角周臨何
煙瘴之中人壺頭重困忽披遺疏彌愴中懷贈太傅則優予崇銜列賢良而並隆秩祀專祠許
建慰遺愛於[illegible]人佳傳特詳錄成勞於國史擢爾弟而陳臬甄諸子以及孫兆域待營帑金載
賚綜生平之勳[illegible]賜嘉謚曰襄勤禮備飾終榮加褒諫於戲蠻疆萬里應多墮淚之碑華表千
年視此銘功之石欽承[illegible]昆
光緒十有　月　七八日

● 《御制封赠岑毓英碑文》

維
光緒十有六年歲次庚寅六月己亥朔越祭日丙辰
皇帝諭祭於太子太保原任雲貴總督晉贈太子太傅岑毓英之靈曰
朕惟執金提鼓一方資戡亂之功開府建牙萬里重籌邊之寄良
才難得正倚畀之優隆遺疏上聞忽老成之彫謝爰頒奠醊以示
哀榮爾原任雲貴總督岑毓英沈毅有為公忠卓著起家丞佐奮
迹戎行早懷投筆之思旋荷秉麾之任屬天方之日肆適露布之
星馳率江東子弟之兵拯滇國人民之患唱籌以濟飢軍無異手
飽騰傳檄而前驕將亦樂為驅策大平苗而奮武同掃穴以擒渠
迅奏膚公疊膺心簡聿加勇號載錫宮銜炎徼提戈歷大小之數
百戰長城臥鼓綏邊陲者二十年既寇息而民安亦政成而吏肅
何意大星之隕實深朝露之悲於戲洱水蒼山緬豐功而猶在椒
漿桂醑招靈爽以如來懿此潔饈庶其歆享

《御祭岑毓英碑文》

# 自作墓志的清代土官莫遐昌

## ——《南丹土官莫遐昌墓志碑》

墓志铭是我国传记散文中特别常见的一类，它通常是在墓主死后，由墓主的亲眷请托墓主生前好友或有名望之人写作，以记载墓主生平事迹，对其人生予以评价，以期后世永远铭记，是我国慎终追远、尊重祖先文化的重要体现。作为孝子贤孙“褒扬其亲”的重要载体，墓志铭自魏晋以来，就形成了比较固定的文章体例和写作范式。北宋著名文学家、唐宋八大家之一的曾巩请他的老师欧阳修为自己的父亲写墓志铭，在收到欧阳修所撰写的文章后，他给欧阳修写了一封书信表示感谢，在这篇《寄欧阳舍人书》中，他谈到墓志铭与史书传记的不同:“夫铭志之著于世，义近于史，而亦有与史异者。盖史之于善恶无所不书，而铭者，盖古之人有功德材行志义之美者，惧后世之不知，则必铭而见之。或纳于庙，或存于墓，一也。苟其人之恶，则于铭乎何有？此其所以与史异也。”意思是说，墓志铭和史书相近，但也有不同之处，史书于传主的善恶功过都会如实记载，而墓志铭主要是称扬亡者德善功烈，所以往往会为逝者讳，只写好的一面，而对不好的一面避而不谈。在体例上墓志铭也有着较为固定的行文格式，墓志铭一般由“志”和“铭”两个部分组成，志用散体以叙事，一般包括墓主的世系、名字、爵位、行治、寿年、卒葬年月、子孙大略和葬地等事项；铭用韵文，主要用来铭功颂德，寄托哀思。墓志铭上述的固定写作范式和体例，容易产生虚美矫饰、雷同僵滞这两个流弊。

在墓志铭中还有一类特别的存在，便是自为墓志铭。顾名思义，自为墓志铭便是不假他人之手，亲手为自己撰写墓志。自为墓志铭在历史上并不常见，算是墓志铭的一种变体。因为是为自己而写，所以往往没有应酬的顾忌，也不必恪守一般墓志铭的框架设定，与一般的墓志相比，显得更加灵动自然，内容也更加真实感人。历史上比较出名的自为墓志铭，有隋末唐初的著名诗人王绩的《自撰墓志文》，中唐大诗人白居易的《醉吟先生墓志铭并序》，明代诗文、书画、戏剧无不精通的“狂生”徐渭的《自为墓志铭》，还有经历易代之悲的明末风雅才子张岱的《自为墓志铭》，都是通过墓志铭这一文体对自己的人生予以审视，打破铭功颂德、寄托哀思的文体格套，抒发人生志趣和自我情怀，具有突出的审美特征和个性特色。自撰墓志一般并不是真的为了留名后世，其实质是撰写个人化的抒情作品，因此也一般不会真的在作者死后刊刻于墓碑。但凡事均有例外，在广西南丹县城北约五里的一座小山上，便有一块清代嘉庆年间的墓志碑，墓主是出生于康熙年间的南丹土司莫遐昌，其碑文是莫遐昌自己生前所写。广西石刻中的墓志铭不少，但碑文的作者既是少数民族，又身为土司，又自为墓志铭，为该碑文增加了不少独特的价值。

莫遐昌，字宏远，号青云，是南丹土司莫氏家族的第二十二代子孙，于乾隆八年（1743）继承土司位。这篇墓志是莫遐昌生前所写，而碑尾的落款显示为嘉庆三年（1798）清明，可能是莫遐昌的后人为他所立。上文提到的那些家喻户晓的自为墓志铭，虽是自己亲为，但都模仿他人代作的口吻，用第三人称进行叙述，而这篇碑文却直接用第一人称自述，显得与众不同。在内容上，正如上文所说，自为墓志铭通常是借墓志这一文体作抒情写志之用，所以在内容上以自我表达为主，往往打破墓志的常格，但这篇碑文仍然是常规墓志的内容。

碑文内容大概分成三部分。第一部分是叙述家族世系，一般情况下，自为墓志铭就算沿袭传统的写法，对于家族世系不会写得过多，如白居易《醉吟先生墓志铭并序》对高祖之前的世系，仅用“秦将武安君起之后”一句带过。而莫遐昌自为墓志铭的第一个特点就是对家族世系写得极为详细，从宋代元丰年间被封为南丹世袭土官的始祖莫伟勋而下，二十二代名讳逐一列出，基本上占据了墓志一半的篇幅，为我们了解南丹土司世系提供了珍贵的史料。第二部分写自己承袭土司，又传给自己儿子和兄弟的情况。墓志说，莫遐昌有兄弟三人，他因为是嫡长子，有着继承权。乾隆七年（1742），二十三岁的莫遐昌因为父亲的告休而于次年被正式任命，莫遐昌有两个儿子。任土司十六年后，他便向朝廷告休，将土司位传给了自己的儿子莫敌，但是莫敌只任职了七年便因病去世。莫敌没有子嗣，而莫遐昌的小儿子也早夭，于是土司位便由莫遐昌的兄弟莫遐龄接替。第三部分是对自己做土司期间的自我评价，其大意是自己在位期间安分守拙，忠心事上、宽仁待下，不过分索取财利以扰民，告诫下属各尽其职，上下相安。其口吻极为自谦，如同自己的内心独白。碑文最后说明自为墓志铭的原因，说是害怕别人为自己写志，或者虚妄粉饰，或者草率从事，所以不得不自己写志。同时他也希望通过志文，使莫氏后人以及文人君子和樵夫牧童都能够知道他们莫氏的家族世系。

此外，这篇墓志有志无铭，其叙述的口吻和语言特征都更像是一篇自传。所以总的来说，这篇自为墓志铭，其写作的目的和结构内容都和一般的墓志有相似的地方，但它又跳出了虚美妄饰的格套，显得更加真诚。碑文向我们展现了一位土司的内心世界，这是一般史书所没有的，显得别有特色。

# 营建

## 上林唐碑中韦氏土司的城宅建设

### ——《澄州无虞县清泰乡都万里六合坚固大宅颂一首诗一篇并序》《廖州大首领左玉钤卫金谷府长上左果毅都尉员外置上骑都尉检校廖州刺史韦敬辨智城碑一首并序》

位于广西南宁东北部的上林县，在唐代的时候便是古澄州州治所在，如今上林县白圩镇爱长村因两端陡峭山崖而形成的山谷中，有着一个以绝壁为城垣，利用山间谷地而建，如桃源一般的唐代古城遗址——智城。根据考古研究，智城便是唐代澄州州址，它利用山间谷地的不同走向而分为内城和外城，城外有池塘和清水河相通，面积接近二百五十亩，城内还存在着石臼、石碾、古井等遗迹。这座距今1300余年的古城，其依托谷地两边山体而建的方式，在中国唐城类型中绝无仅有，向我们展现着唐代壮族地区城池建设和社会生活的情况。

更为可贵的是，在上林县清秀的山水间，与智城遗址并存的还有两块同时期的摩崖石刻，即位于智城遗址外城墙东面崖壁上的《廖州大首领左玉钤卫金谷府长上左果毅都尉员外置上骑都尉检校廖州刺史韦敬辨智城碑一首并序》(简称《智城碑》),以及位于智城遗址不远处的澄泰乡洋渡村的《澄州无虞县清泰乡都万里六合坚固大宅颂一首诗一篇并序》(简称《大宅颂》)。这两件唐刻是广西较早用汉文字记载少数民族文化生活事件的石刻,不仅为研究古代壮族社会政治、经济、文化提供了实物资料,也展现了唐王朝对边远少数民族地区的治理情况、汉文化对该地区的影响,以及汉壮民族的交流与交融,有着“岭南第一唐刻”的美誉。

《大宅颂》从其款识可知刊刻于唐永淳元年(682),“永淳”是唐高宗李治的年号。摩崖在麒麟山的岩洞之中,高95厘米、宽64厘米,楷书,字径1.5厘米—2厘米,全文共17行,381字。题为“岭南大首领、鹣州都云县令、骑都尉、四品子韦敬办制”。唐代官制中并没有“岭南大首领”的官职,所以这个官职应该是作者自谓的称号;“县令”是行政官职,这是职官;“骑都尉”是勋官,唐朝凡有军功者,授与勋官,相当于荣誉称号,其中“骑都尉”为五转,从五品;“四品子”是爵位,即“四品子爵”。从上可知,后面三个官职应是唐王朝授予的,更多的是表彰的性质。这些都表明了韦敬办为澄州少数民族世袭土官的身份。

《大宅颂》的内容由序、颂、诗三个部分组成。序采用了骈散杂错的形式,叙述了韦氏一族的来源和家族基业的开拓,以及修建坚固大宅的缘由。序开篇称上林韦氏源自京兆,其支流徙南疆,无缘北返,逐渐成为当地各少数民族部落的首领,多次受到朝廷的加封。而当韦敬办承袭家业以来,“开场拓境、置州占物”,他认为其家族的地位从未像现在这般,如上林那峰峦峭壁一样坚

《澄州无虞县清泰乡都万里六合坚固大宅颂一首诗一篇并序》

固。因此，韦家近期修建这座坚固的高大宅邸，以期于此安居万世。以上可为第一层，即建宅的缘由。后面是对大宅的描写：这里从居住环境来说，风物繁多；从军事上来说，悬崖峭壁陡峭异常，“一人所守，即万夫莫当”。而且这里民众多、粮食足，就算十年歉收，都不会让人忍饥挨饿。这里水量丰沛，就算不辛勤耕种也能收获。林木之多，与传说中的南山相比也不遑多让。就像有源流的池塘一样，这难道不是保全家业的地方吗？从序文对大宅的描述来看，其绝非一般的宅邸可比，有众多的民众，有大片的农田，兼具军事防御的功能，俨然是一个如“堡”一样的封建地主庄园。颂有三首，与中原的“颂”体式相同，为四言韵语。内容与序呼应。其一赞美先祖；其二称扬自身功业，“世世相习，意也不难。乡士首渠，民众益欢”，体现了他世袭土官的身份；其三表达长治久安的美好愿望，“人皆礼仪”“耕农尽力”“斗争不起”的表述体现出儒家思想对他的影响。诗为五言，描写大宅形胜，抒发“苦固于兹第，永世保无残”的美好愿望。

《智城碑》款识标明刊刻时间是武则天万岁通天二年（697），晚于《大宅颂》15年，摩崖高164厘米、宽78厘米，真书，字径1.5厘米，全碑共24行，共1126字。首题“廖州大首领、左玉钤卫金谷府长上左果毅都尉、员外置上骑都尉、检校廖州刺史韦敬办智城碑一首并序”。其中“廖州大首领”亦如《大宅颂》，是韦敬办自号的官职，“左玉钤卫金谷府”是韦敬办官职所属的卫府官署名，武后时在中央设置了“十六卫”，在地方设置六百余府，专事天下兵马。“左果毅都尉”是军府的次官，这是韦敬办

《廖州大首领左玉钤卫金谷府长上左果毅都尉员外置上骑都尉检校廖州刺史韦敬辧智城碑一首并序》（广西壮族自治区博物馆藏品）

的军职。“上骑都尉”为正五品勋官，“员外置”就是定制之外任命的官员，待遇同于定制内正员。“检校廖州刺史”是韦敬办的行政官职，“检校”表示官职非正式授予，但有行使该职务的权力，相当于“代理”。也就是说朝廷授予韦敬办的正式官职是军职，但同时能够行使刺史的行政权力。这也是唐时对少数民族地区采取羁縻制度，利用土司“以夷治夷”的体现，正如韦敬办的官职，土司在所统辖的地区拥有军政大权。碑文落款“检校无虞县令韦敬一制”，即该碑文是韦敬一为韦敬办所作。

碑文正文由序和诗组成。序为骈文，诗为七首四言。序文内容主要有两个部分。第一部分是描写智城山及附近的地理形胜和自然风光。作者娴熟地运用精美的骈俪文，生动传神地将智城山的雄奇险峻和清新秀美描写出来，表达了隐居于此，如桃源隔世一般的美好。然后描写智城：“壮而更壮，寔崟险之不逾；坚之又坚，信丘陵之作固矣。”即这里有着天然的屏障和险峻的地势。对城池的描写突出“坚固”的特点，这一点与《大宅颂》立意相同。第二部分歌颂韦敬办的功业成就，写他平息了兄弟阋墙，避免家族内部的分崩离析。选择在智城山这险奥之处建城，千寻绝壁保障了民众的安全，谷中之沃野提供了丰富的粮食，使家族再次团结。其中对智城民众美好生活的描写，句式工整、韵律和谐、语言清丽、生动传神，能够给人较好的审美体验，体现了作者优秀的文学才能：“前临沃壤，凤粟与蝉稻芬敷；后迩崇隅，□雾与翠微兼映。澄江东逝，波开濯锦之花；林麓西屯，筱结成帷之叶。傍连短峤，往往如堙；斜对孤岑，行行类阙。”

从上文对《智城碑》内容的分析可知，碑文的写作目的是对韦敬办统领下远离纷争的智城之美的赞颂，其立意与《大宅颂》是一样的，所以两碑可谓兄弟碑。如对比两碑，便不难发现《大宅颂》的整体风格较为质朴，没有过多的用典，体式上骈散交错，碑文中还有数个壮语俗字，体现出壮族文人的汉文写作尚处于稚嫩生涩的阶段。但《智城碑》不仅文章篇幅加大，而且骈体对仗工整，用典繁复，韵律和谐，语言优美，善于写景状物，体现出作者对骈文写作的娴熟。《智城碑》仅晚于《大宅颂》15年，如此看来，在这较短的时间内，当地壮族文人的汉文学水平得到了极大的提高。另外，《智城碑》中还运用了武则天颁行的6个新字，武则天特创字颁行于载初元年（689），距离《智城碑》刊刻也仅有8年。上面两点都说明随着唐王朝国力的日益强大，中原政治、经济、文化等对边远少数民族地区的影响日益加深，民族间的交流更为通畅、深刻，壮族地区的国家认同和文化认同也得到了加强。

关于这两块碑，还有许多的疑团。如韦氏的祖籍问题，他们到底是从京兆迁往边陲的汉族，还是世居上林的壮族首领？再如两碑中的韦敬办是否为同一人？再如《大宅颂》中的坚固大宅在何处？智城是否是在大宅的基础上扩建而成？如是，为何《大宅颂》碑不在智城，而在离智城近五公里的岩洞里？再如都云县、廖州在何处，它们与澄州有何关系？如此种种，更给两碑平添了许多神秘的色彩，也许这便是《大宅颂》和《智城碑》无尽的魅力所在。

# 徽宗朝拓边之举与黔南路城寨建置

## ——《崇宁新建平允从州城寨记》《大宋建筑隆兑州记》

宋朝自建立以来，在北部、西北部就面临着军事威胁的巨大压力，因此作为大后方的南部地区的稳定和发展就显得非常重要。宋初时，对西南少数民族地区仍延续唐代以来的羁縻政策。然而宋仁宗时期，西南地区爆发了以侬智高起义为代表的大规模民族起义，靖乱之后，西南边陲民族地区的稳定引起了朝廷的重视。特别是神宗推行“熙宁变法”，为实现富国强兵的目的，掀起了北宋经略西南边疆的第一次浪潮。哲宗登基后，随着变法被废，与之相关的拓边活动也多遭批评，认为招抚少数民族、创建州县是“募役人，调戍兵，费巨万”的徒劳之举，应“斟酌废置”。徽宗登基之后，任用蔡京为相，行“锐意绍述”之事。所谓“绍述”，便是对神宗变法图强之志的继承，重启对西南边陲民族地区的开拓是应有之义。所以，在徽宗和蔡京的推动下，北宋新一轮的大规模拓边活动逐步兴起，正如《皇朝编年纲目备要》描述的那样：“盖自崇宁以来，梓、益、夔、黔、广西、荆湖南北，迭相视效，斥大土宇，鲜有宁岁，凡所建州、军、关、城、堡、塞，纷然殆不可胜纪。”对广南西路的大肆开拓和黔南路的设置等便是在这样的历史背景下展开的。

广南西路的羁縻地区主要在桂、邕、宜、融等州。崇宁三年（1104），原为知福州的王祖道被任命为知桂州，兼广西经略安抚使，接替病逝的前任程节，并立即开始了向民族地区拓边的活动。他采取了招抚和开建城邑的拓边举措。自崇宁三年到崇宁五年（1106），王祖道先后招抚融州王江地区、古州的少数民族首领纳土归降，并向朝廷进言在新拓境内建城邑、设州县、置守臣，以加强管理，“控制百蛮”。于是朝廷于崇宁四年（1105）先建怀远军，又升怀远军为平州。同年底又在平州安口隘置允州和安口县，在古州置格州和乐古县。崇宁五年改格州为从州。王祖道非常重视对上述州县的经营，亲率军民修建城邑，所以到崇宁五年初，平州和允州的城寨就已经修建完成。而从州的城寨也在当年十一月完成。时任广西转运副使的张庄撰写《崇宁新建平允从州城寨记》，并刊刻于桂林伏波山的还珠洞，对上司王祖道的拓边功绩进行颂扬。

碑文由“记”和“颂”两部分组成。记文以“惟元丰疆理天下，伻图南土，以靖斯民；肆今崇宁遹骏，先烈德威，教治丕冒海隅”起首开篇，说明开拓广南西路和新建城寨的背景和意义，工整的对偶句带来庄重的气息。“元丰”是宋神宗的年号，代指神宗，“伻图”原意为遣人绘图，引申为规划之意，“伻图南土”意即神宗朝经略边疆，开拓南土。“遹骏”即遵循大业，“丕冒”即广被之意，写如今徽宗遵循神宗之志，继续拓边，使王朝的恩德和威势能够广被于天下。接下来进入叙事，写崇宁三年至四年融州等地的拓边，王江、古州等地纳土归附的过程，仅用“于是通道儋崖诸峒生黎八万，袭冠带而联什伍。明年，王江古州众十七万，献夜郎牂牁之地，诏裂其地为平、允、格州，怀远、安口、乐古县，百万、万安、甘江、镇江寨”一句道出，言简意赅，又表现出了取得拓边功绩的顺利。然后写建设城寨的过程：王祖道“亲帅师而建城邑”，崇宁四年正月，平、允州城寨建城，只有格州与甘江完成了物资的准备工作。十一月十七日，王祖道再召集仆役开始建设，到十一月二十八日，平、允、从州的城寨都修建完毕。碑文最后是对新建城寨的颂扬，言新建城寨在政治和军事上能够有效控制这些少数民族地区，在经济上有利于农商行旅往来，加强民族间的交流。“于万斯年，均福中外”，“臣祖道班师凯还，对扬天子之休。臣庄获纪岁时，并载康衢之颂”。记文最后的两个骈句，既如字面之意，又暗用典故。如“于万斯年”，取自《诗经·大雅·下武》“于万斯年，受天之祜”，本是对周武王的祝福。“康衢之颂”，字面上是说下面的颂诗是街巷之中百姓对拓边功业的歌颂，同时也是使用了“康衢之谣”的典故，《列子》书中载尧主政五十年，微服游访大道，听到儿童歌谣：“立我蒸民，莫匪尔极，不识不知，顺帝之则。”这是对尧的善政的歌颂，因此用来赞美太平盛世。所以这里用“康衢之颂”自然是对徽宗的称美歌颂。颂诗所写内容基本与记文同，其中也有运用精妙的典故。如“四海会同”出自《尚书·禹贡》，指大禹分定九州，划定华夏疆界，四海之内均纳入版图，为多民族国家的形成奠定基础。“燕师所完，百蛮实墉”，化用《诗经·大雅·韩奕》中的诗句“溥彼韩城，燕师所完。以先祖受命，因时百蛮”。诗歌为韩侯觐见周宣王时所作，这句诗写韩侯在宣王中兴太平之世扩建韩城，能够依循先祖的受命，管辖韩地所有的蛮夷民族。可以看出这两处典故的运用，使颂诗既记述了拓边建城、辖制民族地区的事实，又称美了拓边的功绩，抒发了“四海会同”“均福中外”的美好愿景，同时借用典故，表达了对徽宗和上司王祖道的颂扬。用典的巧妙足见张庄高超的文学才能。

平、允、从州开拓的完成，并没有停止王祖道的拓边步伐，宜州等羁縻地区首领纳土后，王祖道将重心转移到海南，招抚黎人归附，并奏请在海南新置州、军，加强控制。又在宜州都巡检刘惟忠的劝说下，想取南丹州之地，但这次招抚被当地土酋莫公佞拒绝，于是王祖道罗织罪名，诬陷莫公佞阻碍纳土，并以军队攻取，莫公佞投降后被刘惟忠所杀。王祖道改南丹州为观州。因为大量的羁縻地区化为州、县，大观元年（1107）朝廷以新置的平、允、从、庭、孚、观等州，及原属广南西路的融、柳、宜等九州地成立黔南路。张庄被任命为知融州、黔南路经略安抚使。黔南路的建立标志着徽宗朝广西地区的拓边活动达到了一个顶点。

王祖道对南丹州的强势征服及杀害莫公佞的行为埋下隐患，使官府与少数民族首领之间的矛盾逐渐激化。黔南路成立后，南丹莫氏开始起兵反抗，并连年围困、攻打观州。在战争中，新任知观州刘惟忠中箭身亡。观州的战事引起了朝廷的注意，这与王祖道之前所报拓边的一帆风顺不符，所以令他“具折前后奏报异同”。在蔡京的包庇下，王祖道没有被追究，只是被改官知福州。

王祖道离任后，拓边之事就由黔南经略安抚使张庄负责，张庄虽然多次上奏溪峒首领纳土归附之事，纳士者不仅有黔南路的酋首，甚至还有不属于黔南路的邕州左江地区的酋首，但是南丹莫氏的侵扰一直不停，安华蛮也起兵反抗，徽宗不得不任命熟悉广西地情的程邻任知融州、黔南经略安抚使，命其予以抚谕，而改任张庄为知桂州、广西经略安抚使。大观三年（1109），徽宗终因蔡京失势，加之廷议的压力，将黔南路并入广南西路，称广西黔南路。大观四年（1110），廷臣对王祖道、张庄的弹劾更加激烈，责斥其“启衅邀功”，于是朝廷以广西拓边“诞罔”之罪，对王祖道、张庄治罪贬官，改广西黔南路为广南西路，黔南路就此废罢。这同时也标志着广西开边拓土的成果开始消解。

程邻在黔南路被废置后，改任知桂州、广西经略安抚使。而他的责任主要是解决拓边遗留的问题，做好善后。首要的是解决还存在的边衅问题。经程邻招抚，朝廷以归还南丹旧地的条件，换得莫公晟纳款归附，又发兵进讨安华蛮，并取得胜利。同时，对于当初拓边设置的州军，也进行了处置。到了政和年间，当初新置的州县大多都被废。当然也有例外的情况，比如政和三年（1113）就有邕州右江溪峒首领想要纳土归附，知宾州黄远奏请朝廷处置，群臣主张接纳招抚，重新任命已被弹劾改官的程邻为知桂州、广西经略安抚使，措置溪峒纳土之事，于政和四年（1114）设置隆州、兑州。其事迹便记录在李彦弼撰写的《大宋建筑隆兑

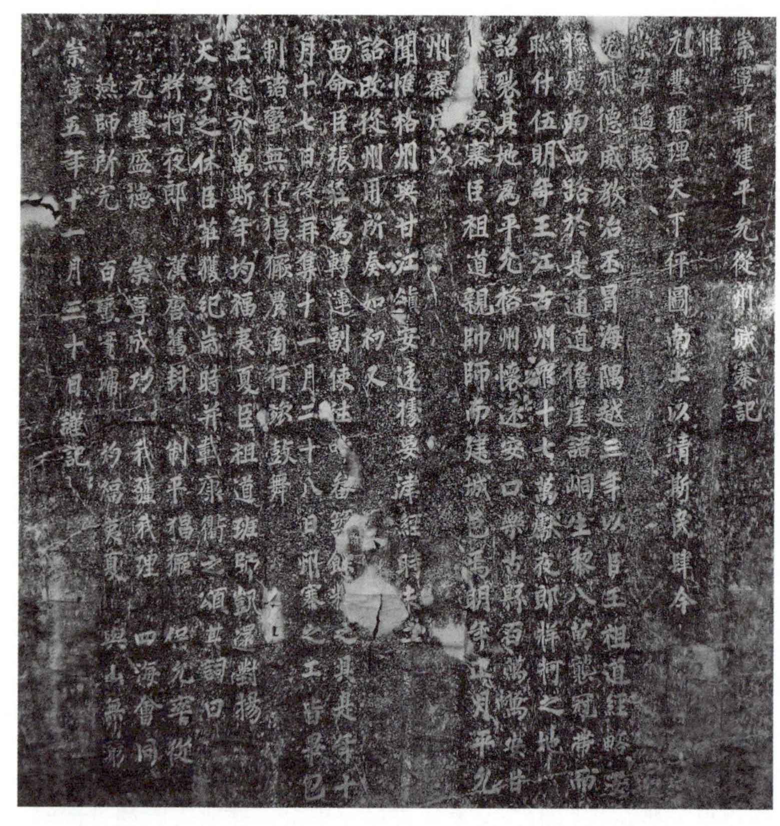

《崇宁新建平允从州城寨记》（桂海碑林博物馆提供）

《大宋建筑隆兑州记》（桂海碑林博物馆提供）

州记》中。

《大宋建筑隆兑州记》石刻刊刻于政和五年（1115）八月，摩崖在桂林屏风山屏风岩，如今已经被毁。碑文篇幅很长，首段以“盖闻天子有道，守在四夷”，赞颂王风广被，夷蛮归附。第二段从交通、资源、气候等方面叙述邕州地理位置的重要。第三段叙述邕州溪峒纳土归附，廷议招抚，以及程邻建筑城寨，编制户口，设置隆州、兑州的过程。最后引马援事相比较，颂赞隆、兑二州建立“寸兵不试，斗粮无扰”。此文词藻浮华，铺排较多，风格更近于赋颂，不如《崇宁新建平允从州城寨记》那样简明精微。

隆、兑两州是徽宗时期广西拓边最后设置的州县，刊刻于桂林的《崇宁新建平允从州城寨记》《大宋建筑隆兑州记》两方宋代石刻，正好见证了徽宗朝在广西少数民族地区的拓边活动之始末。对于王祖道和张庄在广西的拓边行为，史籍评为“欲乘时徼富贵”“启衅邀功”。不可否认，徽宗朝在广西轰轰烈烈的拓边行动最后失败，确实不排除王祖道、张庄等地方官员政治投机、不顾实际、贪功冒近，导致民族矛盾激化，引起边衅，大量的人力、财力投入给当地带来巨大负担等因素。但从长远来看，通过设置州县、建筑城寨，强化了朝廷对少数民族地区的管理。大量人口被编入户籍，交通环境得到改善，贸易得以开展，促进了当地开发和发展，推动了汉文化的传播和交流、多民族之间的融合，以及西南边疆民族地区的“国家化”进程。其功过利弊应得到辩证的看待。

《大宋建筑隆兑州记》中“夫中国，太阳也；四夷，众阴也，阳动而阴趋。中国，腹心也；四夷，手足也，腹心□而手足举。圣人在上，四夷绥怀，自□守边，此盖众阴之顺太阳，手足之应心腹也”的说法值得留意，虽有主次之分，但将“中国”“四夷”视为一体的“大一统”观念，也许才是支撑徽宗朝西南民族地区拓边行为的精神内核。

# 恩城土官构建公宇，以掌州事

## ——《重新恩城土州治所碑》

广西土司制度自宋代建立以来，历经元明清几朝，土司数量众多，延续时间漫长。到民国初年还有25个土州，4个土县，10个土巡检司及3个长官司，因此留存下来的土司遗迹也比较多。保存完好的土司衙门，如有着“壮乡故宫”之称，现存规模最大的土司衙门——忻城莫氏土司衙署；西林县那劳村岑毓英家的恩城岑氏土司衙门。可以想见，当土司家族获得世袭资格，开衙建府，肯定是特别隆重的盛事。而在大新县恩城乡有一方《重新恩城土州治所碑》，便记录了大新恩城赵氏明代景泰年间重新获得土司职位，大兴土木修建土司衙门之事。

此碑是太平府儒学训导玉田林为奉训大夫土官知州赵福惠重新修建土司衙署所立。赵福惠是大新恩城土州第七代土官，恩城赵氏可谓汉文化程度很高的土司家族，赵福惠就是其中的代表，在恩城乡岜字山上有许多赵氏和文人墨客留下的摩崖石刻，其中就有与赵福惠相关的石刻。除诗文外，崖壁上还刻有赵福惠的手掌印和脚掌印各一只，可谓非常特别。

碑文先写土司赵福惠名爵、世系及实授土司职位之事。他的祖父赵雄杰、父亲赵智显都没有实授职位，故而也未及构筑衙署，只是侨居掌州事。而赵福惠并没有直接从他父亲那里接受土司位置，该职位是先传给了他的叔叔赵智晖。从这方碑文以及《南丹土官莫遐昌墓志碑》所载家族世系，可以看出土司世袭职位的传承，以子承父的情况较为通常，但兄终弟及的情况也常出现。然后碑文记述的是赵福惠的生平事迹，赵福惠幼年时不幸成了孤儿，由太夫人黄氏抚养教育，长大成人后得到了赵氏家族的共同举荐，向主管长官禀报，并将他的事迹转达给皇帝。明宣宗宣德七年（1432）冬，赵福惠入京觐见，得到了应允，正式荫袭知恩城州土司职位。

碑文记载了开府建衙的情况。赵福惠就任六年后，明英宗正统三年（1438），因“旧宇陋隘弗称”，便召集工匠准备木料、石材、陶瓦等材料，开始营建衙署。土司衙署是土州这个不大的地方政治权力的象征，作为土司文化物质载体的土司建筑，其形制布局都蕴含着特定的文化象征和隐喻。这在碑文中就有比较直观的体现，如“首创堂室户牖，以攸跻攸宁。次甃济川桥，以利涉攸往……并手偕作，材出素具，役不及民，厥功乃完”。堂室户牖、津梁川桥都有着美好的政治寓意，“役不及民，厥功乃完”虽有美饰之嫌，不过也是爱惜民力的政治观念的体现。广西的土司衙门有两类，一类是土州、土县的土司衙门，这是文职土司公署，由吏部授牒给印。还有一类是长官司、土巡检的土司衙门，这是武职土司公署，由兵部授牒给印。恩城赵氏的土司衙门属于文职土司公署。当然无论哪一种土司衙门，都是兼具行政职能和私人住宅的功能。一般前面是办理公务、处理政事的大堂，后面是祠堂、住房、厨房等居住场所，中间有花园、水体相隔，如安平土州的土司衙门布局便是如此。赵氏土司衙门也是如此，如碑文所言“故莅政有堂，阃室有舍，庖廪有次，巨川有济，百尔器备”。处理政事的厅堂，日常居住的内宅，厨房、仓库、水体、桥梁一应俱全。

碑文最后对赵福惠创业之美予以颂扬，也祝愿赵氏对恩城土州的统治能够延续百代，与天地日月一样悠远。正如文中所引《诗经·楚茨》“子子孙孙，勿替引之”诗句，寄寓着“子孙累世长居国保民”的期望。

# 清代壮瑶地区的书院建设和文教发展
## ——《泗城创建云峰书院碑》《养利州建修瀛洲书院碑》

作为中国古代特有的教育组织和学术机构，书院自宋代以后逐渐成为除官学之外重要的民间讲学之地。明清时期，随着中原王朝对边疆民族地区政治力量和管理力度的加强，“重文德、兴学校”的文化治理传统也逐渐向边疆民族地区延伸，明清广西地区土府、土州、土县等民族地区的书院纷纷开设，通过推行教化，推动了儒家文化在广西边疆民族地区的传播，成为中原王朝对广西边疆民族地区进行文化治理的重要组成部分。

广西书院的历史可以追溯到宋朝，根据史籍记载，广西最早设立的书院是南宋绍兴年间在容县创立的勾漏书院，以及同样是绍兴年间在柳州创立的驾鹤书院。当然，宋代是广西书院教育发展的发轫期，终宋一代，广西建立的书院只有十余所，且主要集中在桂东北和东南地区，分布极不平衡。明代成化之后，随着当时官学的腐败衰落，书院得以迅速发展，明代新建和兴复的书院就有70所。清代鼓励兴学，书院数量近200所，并且通过向书院颁发匾额，明确书院的地位和管理制度等措施，加强对书院的掌控。这一时期广西的书院创建深入到了更为偏远的边疆民族地区，对民族地区的文化发展和民族融合产生了深远的影响。

书院建设作为地方文化教育发展的盛事，人们往往会作记立碑以为纪念，所以在广西石刻中留下了不少有关书院建立的碑刻。如位于凌云县的《泗城创建云峰书院碑》和位于大新县的《养利州建修瀛洲书院碑》都是清中叶以来广西民族地区书院建设留存下来的碑记，为我们了解广西民族地区书院建设和文教发展提供了许多有用的信息。

泗城府故治位于如今广西百色凌云县西南，在雍正改土归流以前，属于泗城岑氏土府，岑氏家族是一个延续了413年世袭统治的土司家族。清雍正四年（1726），云、桂、贵三省总督鄂尔泰突然发兵进入泗城，刚接任泗城府土司职位两年的岑映宸没有抵抗，被逮捕到桂林拘禁，泗城府改土归流。清代加强对边疆民族地区的控制，除了在政治上通过派遣流官加强管理，还积极实施文教戍边，增强各民族对以儒家文化为主体的中原文化的认同，从而形成以文治为主的多元共治格局，意义重大。在这样的背景下，乾隆十七年（1752）时任泗城府知府的杨缵绪创建云峰书院，并亲自撰写记文。杨缵绪，字式光，号节庵，广东大埔人，康熙六十年（1721）进士，官至陕西按察使，著有《佩兰斋诗文集》。杨缵绪为官清正刚直，以秉公执法、不附不阿闻名。他也留心于文教，曾两次出任广州粤秀书院山长，并著有《粤秀课艺》，门下培养了大批优秀科举人才，还出了高中状元的庄有恭，故有“状元之师”的美誉。他曾在广西桂林府、泗城府、镇安府等地任知府，创建云峰书院便是他在知泗城府任上的重要政绩。

《泗城创建云峰书院碑》文辞简要，内容丰赡，对云峰书院修建之社会背景、书院选址与规制、书院名称之得来，以及书院创建的缘由和意义等阐述得非常清楚，是了解云峰书院创立始末的原始材料。碑文先言书院创建的社会背景，说泗城原为粤西边地土府，离京城万里，无论是声教文明还是典章制度都寂然无闻，这里民族混居、居民庞杂、民风粗朴，但山水却清奇。这应该是当时广西边疆民族地区的普遍写照。雍正五年（1727）改土归流之后，在流官的治理下，当地士子才知道向学。博士官设立后，有了府学生员十二人。从文中可知，改土归流后，官学在这里得以设立，但是效果不佳，生员稀少。乾隆十四年（1749）杨缵绪到任后，便想要振兴当地的文教，但诸生没有合适的学习场所。正好原来的土司岑氏有一处园地，便将其改建为书院。碑文接着写书院的规制，书院基础横面为十二丈，直为七尺；头门有三间，“高一丈五尺，深二丈二尺，宽三丈四尺”。左右都留有三丈空地，有墙围绕。杨缵绪捐俸禄四百两银子，西隆县令唐桂生也乐于资助，共计花费了五百余两银子，从乾隆十五年（1750）八月开始修建，到第二年六月竣工，耗时十个月。因依凌云山山势而建，落成之后将其命名为云峰书院。

碑文再写书院创建的缘由。作者认为，远古时先贤德行道艺足以为人师表，所以发政施令，都是施行教化。“使民兴贤，出使长之；使民兴能，入使治之”出自《周礼》，意为“让人民自己推举有德行的人，使他们做人民的长官；让人民自己推举有才能的人，使他们治理人民”，也就是通过教化培养人才，再使这些人才治理当地。作者说，他自入仕以来都身居清要之职，没有亲民的机会。他退居乡野，讲学粤秀书院十年，与学生们讨论学问，常常想起程颐“去利诱”“专委任”“厚风教”的训示，心向往而力却不逮。程颐的原话是：“镌解额以去利诱，省繁文以专委任，励行检以厚风教。”这是程颐审理国子监学制时就当时之弊而提出的，意思是减少推荐入选国子监的名额，以去除利诱的弊端（宋元丰中以利禄诱士，国学解额增至五百人，来者奔凑）；减少师儒之官的文牍工作，使其专攻本职任务；奖励行为检束的人，以厚风化之教。如今在泗城这个边徼烟瘴之地为官，作者认为自己平生做官办学，实施教化的志愿，能不能付诸实践，都在于此处。所以他捐出俸禄修建书院，又常常到书院讲学，与诸生讨论学问，乐此不疲。

碑文最后部分是书院创建的意义。作者认为泗城山水秀拔，凌云山嵯峨蜿蜒，磅礴郁积，地理形胜可与衡岳湘山相比，只是如璞玉一般，被埋没了数千年，没有人过问。他把书院比作治玉的匠人，能够雕琢泗城这块璞玉，其中必能出现能够满足国家需要的人才，然后大家都会知道凌云这块人杰地灵之地。所以“树风声，宣教化”又岂是小事？

从碑文对书院创建之意义的阐述中，可以看到改土归流后，当政官员对边疆民族地区推行文教的重视。而作者认为泗城只是未被雕琢的璞玉，从他对于推行教化便能改变此地面貌的信心，可以看到“华夷一体”的观念正逐渐成为清政府对边疆民族地区实施统治的重要理念，这无疑是历史的巨大进步。

嘉庆二十年（1815）创建于大新县（即旧养利州）的瀛洲书院，也留下了题为《养利州建修瀛洲书院碑》的碑刻。碑文共分为三篇，分别为署养利州事高攀桂、知养利州事李兆梅和岁进士钟鸣鹤撰写。“署州事”是代理知州，“岁进士”便是贡生，不是通过会试的进士。这三篇记文也表达了与杨缵绪《泗城创建云峰书院碑》相似的理念和主张。如高攀桂的碑文认为天下靠天赋而成才的人少，通过学习成才的人多，由此指出发展文教的重要性。他认为养利州山灵水秀，必定会孕育有才之士，测试生童艺文，多有可观，证明天资不错，但为什么考上功名的人少？通过调查询问之后，他发现这里的士子大多都是家里延师教学，或靠自学。所以士子作文虽有灵性却未能掌握文法，足见推行文教的重要性。因此他建议兴复书院、延请教师、推行文教。瀛洲书院建成后，他对养利州寄予了厚望，认为可以“科登贤书，联编甲第，无负山水之灵秀，以仰承圣朝之文教也”。知州李兆梅的碑文认为瀛洲书院的创建是一项美举，而通过推行教化，使此地民众向学也是一方官员的职责。他到此地任职，也将培养人才作为己任，将“异日必有崛起偏隅，高出于通都大邑上者”作为他为官一方的志向。贡生钟鸣鹤的碑文更是直言：“我国家重熙累洽，文教覃敷，内而通都大邑，外而荒服边疆，莫不兴立学校，养育人才，以昭道一风同之盛。”将清王朝秉持一体观念，大力推行文教成边的举措表现得相当明晰。同时碑文中也说明了书院命名为“瀛洲”的缘由：一是因为书院所处的河洲四面环水，与瀛洲仙山相似；二是寄托了书院人文蔚起、人才辈出，如“盛唐十六学士之登瀛洲”那般的愿望。这里的“十六学士”应为“十八学士”，此典指的是李世民为秦王时，在天策府内开设文学馆，广招天下贤能之士入馆，先后入选的有房玄龄、孔颖达等十八人，号称“十八学士”。时人以能入选文学馆为无比的荣耀，所以将入文学馆称为“登瀛洲”。

养利州瀛洲书院和泗城云峰书院虽是清代边疆民族地区创建的众多书院中的两个，但留下的碑文足以以管窥豹，看到清代中原王朝遵循“守中治边”和“守在四夷”等理念，以高昂的文化自信，通过建设书院等方式，兴学立教，将儒家文化传播于西南边疆，使之成为文化治理有效途径的历史情形。毋庸置疑的是，在改土归流之后，广西壮族地区的书院主要起着“移风易俗”和“兴学校，教人才”的作用，从而笼络了大批科举人才，对中原文化在边疆的传播起到引领作用，有力推进了边疆的文化治理；同时，也使少数民族受到儒家文化的熏陶，促进了民族交流以及对中原主流文化的认同，强化了国家认同的理念。清代书院建设的兴起，对推动民族地区的稳定发展，维护边疆的长治久安，以及统一的多民族国家疆域形成，起到了不可取代的重要作用。

## 会馆修建与汉壮商贸往来

### ——《下雷土州粤商修建粤东会馆碑》

会馆是同乡之人在异乡城市建立的，专门为同乡之人停留聚会或推进业务的场所。作为中国封建时代特有的社会组织，会馆随着明清时期工商业的发展，逐渐从同乡会馆向商业会馆转变，兼具同乡的联结纽带、同业的商业纽带以及具体组织场所的特点和功能。可以说会馆成为一地贸易往来、商业发展的显性标志。

清代以来广西与外省的经济交流日益频繁，各地商人因贸易的需要在广西各地创建会馆，如在桂林的明清古村落熊村中，就有湖湘会馆和江西会馆（万寿宫）的遗址。但最先进入广西，分布更为普遍的是粤商会馆。也许是与广东相邻的关系，粤商从桂东南、东北逐渐将贸易深入到广西西部的民族边疆地区，在以前的土府、土州也建设了会馆。这体现出各民族之间商业交流的深入。

许多会馆在建设或修缮后都会以碑刻的形式对这一行为进行记述和说明，为我们了解会馆建设背景、过程和意义等情况提供了诸多细节。在广西西南部大新县下雷土州有题为《大修粤东会馆碑记》的石刻，不仅记录了清咸丰二年（1852）广东商人对下雷土州粤东会馆进行大修的情况，也记录了粤东会馆从乾隆二十三年（1758）始建以来，历经乾隆三十九年（1774）、道光二十五年（1845）多次修缮的情况。这些记录反映出百年来下雷土州粤东会馆的兴衰历史，同时也是粤商在当地商业活动的缩影。

《大修粤东会馆碑记》从会馆创建伊始写起。碑文以“原夫会馆之作，由来久矣”开篇，引入对下雷土州粤东会馆历史的追述。文章说，粤东会馆初创于乾隆二十三年，以前来到下雷土州经商的广东商人崇尚义气，就在殿中塑造关羽的圣像，“晨昏奉祀，朔望拜瞻”，每当四季更迭和伏日、腊日等节庆时节，同乡商人都在这里宴会，把酒言欢，“联桑梓之厚谊，结羁旅之同心”，会馆成为到此处经商的广东商人们联络同乡情谊和加强彼此团结的纽带，所以作者用“其立意甚美也”赞美会馆创立的意义。在上面一段碑文中，也清晰地体现出会馆的两项功能。第一项功能是祭祀，明清时的会馆都有着祭祀的功能，最有代表性的如江西会馆，它和万寿宫便是一体的，既是江右商人许真君本土道教信仰的朝拜、祭祀场所，又是进行集资、提供中介服务和调解纷争等商业活动的场所。各地会馆一般都具有朝拜、祭祀等宗教用途，在内部建设中常涉及关帝、文昌、财神、太上老君、仙翁、马王爷等民间信仰。从碑文可知，粤东会馆以关公为祭祀对象，关公既是武圣，又是武财神。粤商遵奉关公，一方面体现了崇尚信义的商业文化，另一方面也将关公信仰传播到了少数民族地区，有利于中华民族共同心理认同的形成。会馆的第二项功能，是作为广东旅桂商贾聚会和商谈的场所，起着团结同乡、联络感情的作用。

接着，碑文写会馆的沿革。当时广东来下雷土州贸易的人，都是广州人，所以会馆的名字是“羊城书院”，可能当时来此处的广州商人数量不多，所以捐资有限，故会馆难称壮美，只是初具规模，但初创之功不可没。此处碑文也透露出了在乾隆二十三年时，从广东到此处经商的人还不多，而且以广州府人为主。会馆第一次修缮扩建是乾隆三十九年，对会馆的大门、堂宇都进行了扩建，并妥置圣灵，希望圣灵能够护佑前来营商的广东商人。可见仅过了十五六年的时间，粤商在当地的贸易应是得到了发展，所以才有扩建会馆的需要和财力。但碑文也说，当时的屋宇围墙，都是用泥砖来修砌的，所以能够称为朴素，但不够厚实。于是到嘉庆二十余年，会馆已经“宫殿时时欹塌，垣墉日就倾颓”，显得陈旧破败了。当时的粤商们已经商量修建，他们采取了集资放贷的方式筹款，由商人们集资一百七十万余钱，加上会馆存下的祭祀款五六万钱，以这两笔钱为本金，通过放贷收取利息。经过五六年的时间，不仅筹集了足够的修建资金，而且还有余钱。可惜的是，当时经济动荡，钱贬值，会馆修建没有成功。由碑文可知，当时货币放贷已经普遍，也从一个侧面看出下雷土州的商贸活动应该形成了一定的规模。但是，在放贷利润非常可观的情况下，会馆修建却因为货币价值的缩水而未能开工，这也说明当时的经济环境并不稳定，商业发展在晚清时仍面临着许多困难。到道光二十五年、二十六年（1846），会馆已经非常破败，堂宇围墙都已经崩颓了，甚至连关公像都只能移到前座与财神像并列。这里透露出，除了关公，会馆中还同时祭拜财神。

接下来是对此次会馆重建过程的叙述。因为会馆颓败得厉害，所以咸丰元年（1851）关公诞辰祭典，在下雷土州的粤商首事们开始商议重修会馆。这次集资就不仅有广州府籍的商人，只要是广东籍，无论是在这里迁居久住的，还是新近才来做生意的，都纷纷欣然捐助，加上贸易所得的抽头银，凑足了资费。工匠资材都准备妥当后，于咸丰二年梅月，即二月开始施工。工期历经两年多，到咸丰四年（1854）腊月完工。碑文接下来便是对新建会馆的描述和对会馆落成这一盛事的赞美。作者欣喜地称赞道：会馆宏大宽敞，建筑坚实稳固，显得雄伟瑰丽、典雅华美，这是前人想做而没有做成的事，现在得以实现。这不仅可以称为不朽的美举，也是可传之于后的盛事。从今而后，下雷土州的粤商们可以在这里继续奉祀瞻拜关羽，祈求保佑，也能够宴会言欢，同乡之谊必定会更加深厚。最后作者说明了会馆更名的意义，他说从会馆的新建，“乃知制作之盛，起于人心，文物之举，由乎众志”，将之前的“羊城书院”改名为“粤东会馆”，也是为了能够合通省之力，推广前人之美。

其实，会馆能够得到重修扩建，又从“羊城书院”改为“粤东会馆”，可以看到经过百年时间，下雷土州的粤商数量越来越多，范围从之前以广州府一地为主，扩大到了广东全省，足以说明到了清朝晚期，下雷土州的商业取得了很好的发展，也进一步说明当时广西边疆民族地区与内地的经济联系更加地紧密。粤东会馆的存在，让今天的我们能够窥见当时广西商业繁荣的一角，使我们打破了认为古代民族边疆地区落后闭塞的刻板印象，感受到当地熙来攘往的动人景象。

# 民族治理

# 宋代西南边疆治理的镇抚与互市方略
## ——《沙世坚镇压茆难莫文察等反抗碑记》

宋代时，由于帝国北部、西北部始终面临着严峻的威胁，生存空间受到制约，所以更加注重对南部、西南部地区的拓展，特别是真宗以后，随着澶渊之盟的签订，宋朝北部沉重的边患压力得到一定的缓解，于是宋朝对西南地区的关注与日俱增。而随着大量的汉族向西南迁移，与当地少数民族之间产生了诸多的矛盾，所以两宋时期也是荆湖、两广及川渝等地“蛮乱”较多的时期。宋朝对西南边疆地区少数民族反抗的平定并不顺利，如侬智高的起义就给宋朝带来巨大的震荡，朝廷不得不派遣狄青，并调用防御西夏的西北军主力才最终平定。为了强化对西南少数民族边疆地区的治理，达到有效管控民族地区的目的，神宗以及徽宗两朝，朝廷开始调整隋唐以来的羁縻绥靖政策，采取了更为直接的管理方式，《崇宁新建平允从州城寨记》《大宋建筑隆兑州记》两碑所反映的便是当时在西南边陲兴建城寨，积极拓边的历史。

宋朝统治者加强对西南少数民族地区控制和管理的举措，除了史书中的记载，留存下来的石刻中也多有体现，如在宜山县南山龙隐岩，有南宋时期郭衍所写的《沙世坚镇压茆难莫文察等反抗碑记》，记载了广西路副总管沙世坚招抚当地瑶酋莫文察，并采取镇抚兼行的措施，以加强对该地区的控制和管理的事迹，南宋广西民族地区的政治情况从中可见一斑。

碑文中的主角沙世坚，是南宋时的一员猛将。他本出生于中原金国占领区，绍兴年间率领族人渡淮南来，归附南宋，投入淮南转运副使、提领诸路忠义军马杨抗麾下，为忠义军右军统领。乾道初年，他曾受军中贪污军功赏银案的牵连，被革职发配到静江府。当时南宋名臣郑丙主管广西提刑司，他在复查这起案件时，发现沙世坚是有勇有谋的将才，于是让他缉盗，戴罪立功。沙世坚没有辜负郑丙的信任，带兵杀死了悍贼首领，归来献捷。于是郑丙向朝廷上奏，恢复沙世坚的官职。从此，沙世坚屡立战功，仕途顺遂，孝宗淳熙年间官任广西路兵马钤辖兼知郁林州（今广西玉林）。

碑文标题中的“茆难”，指毛南族，在文献中，也常写作“茅滩、茆滩、茅难、冒南、毛难”等。毛南族是我国人口较少的山地民族，主要聚居在广西环江、贵州平塘等地。绍熙二年（1191）莫文察起兵攻打普义寨，安化的蒙令堂围攻镇宁寨，形成边患。普义寨宋代属于思恩县，在今天环江毛南族自治县西。当时任静江府知府的詹仪上表朝廷举荐沙世坚，言沙世坚素有韬略，累立边功，为蛮夷所畏服，建议调任沙世坚至宜州负责平乱，于是朝廷任命沙世坚为广西路副总管自兼守尉，平改宜阳郡。沙世坚绍熙三年（1192）到任后，先采用抚恤的办法，招揽安化蒙光大。

思恩、河池两地的瑶民截劫官盐税银，沙世坚马上调兵进行追捕，七路军队会合，攻破了二十一峒，平定了这两地的叛乱。宜州北的瑶民首领袁康等掳掠了天河和宜山两地的居民，沙世坚又分出部队，以五路奇袭，直捣起义军巢穴。此役极大地震慑了当地的瑶酋。沙世坚在黄茅岭屯军之处修筑了受降台，袁康等十四峒首领，都牵羊负酒，到受降台请求归附。沙世坚与他们歃血为盟，让他们发誓效忠宋朝。袁康等十四峒归附，为“斫山刊木”，恢复以前的故道提供了条件。经过以上几次大胜，沙世坚在宜州树立了极高的声望，合凤兰地等七州及古参、古典、落遏、思阳、古寻、上易、上中下三旺、上中下安州等诸多地区的少数民族首领都纷纷前来投纳刀弩，请求归附。沙世坚告诫训谕他们各自守卫好疆域，并对他们进行了安抚犒赏。于是，以往易造成宋朝边患的少数民族各部，成为保护边疆安全的藩屏。以上便是碑文的第一层内容，写沙世坚通过镇压和安抚兼用的策略平定环江、罗城、河池一带民族起义的情况。

接下来，碑文着重叙述了沙世坚对平定的少数民族地区的一系列管理措施。沙世坚到任之初，宜州一片残破的景象，不仅城墙和官府倾塌，而且“纲纪废弛”，管理混乱。为了筹集建设的资金，沙世坚向朝廷奏请，朝廷下旨赐给他僧牒，他通过发卖僧牒，增加财政收入。沙世坚对当地的治理措施包括以下几个方面：首先是通过城建加强边备，在面向少数民族地区的西边，根据受敌面的情况，“改造谯楼马面，而各增益广”。南宋时期的城池防御建设技术很高，非常坚固。谯楼是城门上用于瞭望、测时的高楼；“马面”即马面墙，指的是城墙每隔一段，便有一块外凸，上狭下阔，与城墙等高相连的部分。马面墙不仅能够加厚城墙，而且当敌人在两堵马面之间时，城墙上的守军可以三面围攻。“各增益广”是说对西面的城墙进行了加厚和加高，使其更加坚固。其他城门及州城道路，都用圈砖重新铺砌。除了城防设施外，城中也新建了监狱、学舍、寺观、庙宇等设施，又决水入城，开凿池塘，整个州城面貌焕然一新。其次，通过赐给民族首领盐铁券，开设博易场，与民族地区互通有无，使少数民族地区形成对宋王朝的经济依存关系。再次，是建设忠武侯庙和民社。忠武侯庙是诸葛亮的祠庙，建立忠武侯庙，不仅是赞颂诸葛亮鞠躬尽瘁的精神，也是崇敬他平定南蛮、促进西南各民族交流交往交融的功绩。诸葛亮本就在西南少数民族的信仰体系中有着较高的地位，具有跨越民族界限的文化意义，沙世坚“各于逐处地方建忠武侯庙”的做法，即以诸葛亮信仰作为促进民族交流与认同的精神纽带，这属于加强民族地区治理的文化措施。最后是推进寨堡的建设，他向朝廷申请，将寨堡移到险要的地方，以便更有效地控制民族地区。他在黄茅岭累叠巨石，构筑寨堡，并派遣兵丁戍守，对维护当地稳定起到了积极的作用。

从碑文我们可以看到，宋王朝对西南民族地区采取了比羁縻政策更为积极主动的治理策略。沙世坚在平定少数民族起义后，采取军事镇压和招徕安抚兼行的策略，实现政治力量对当地的介入。沙世坚不仅通过建立“城-寨-堡”的镇戍体系，形成保障地方稳定的军事力量，而且通过经济、文化的措施，加强沟通与交流，使民族地区与中央王朝的联系更加紧密。宋王朝对西南边远民族地区的治理措施，对于强化管理、维护稳定是有效和进步的，对民族融合和国家统一有着积极的影响，也为后代的民族政策和民族治理提供了有益的经验借鉴。

# 明代改土归流与养利州的治理变化

## ——《养利州知州叶公专祠碑记》

位于如今广西崇左大新县的桃城镇，在明清时期便是养利州所在。据载，元仁宗皇庆二年（1313），交趾军队数万人曾入侵太平路，上雷州州治被毁，当时上雷州的赵氏土司便在利江边重建州治，以养山利水为名，改叫养利土州。元明易代后，洪武初年土官赵日泰归附，仍被授予世袭知州。但到了明宣宗宣德六年（1431），养利土州改土归流，被设为正州，由太平府直接管辖，成为这一地区最早的，也是区域内唯一的流官任职州。

关于养利土州改土归流的原因，史籍记载为养利土州土司赵日泰第七代孙赵文安，“侵掠邻境”、为害一方，引起地方乱局。因此邕州都督府将其缉拿，抄没其家，并取消了赵氏家族世袭土司的权利，养利州便改为正州，由朝廷直接任命官员管理。

就名称来看，从养利土州到养利州，仅去掉了一个“土”字，但在行政管理上，流官管理与世袭土司管理却有着很大的差别。封建王朝对这些边疆民族地区采取羁縻制度，土司官职虽由朝廷授予，但由于家族世袭，土司在当地拥有完全的权力，这使得土司地区管理方式普遍较为落后，往往因循守旧、封闭自守。而朝廷将土州改为正州，派遣流官后，对当地的管理便与中原无异，而且流官都来自外地，在一定程度上会促进当地的对外交流，提高开放程度。因此，流官管理与土官的世袭管理有着根本的不同。

作为区域内改土归流最早的州，明清两代这里经历了无数知州，但因对当地作出较大贡献，事迹见载于史籍的知州却只有寥寥几人，万历十一年（1583）到养利州任知州的叶朝荣便是其中一员。叶朝荣，字良时，号桂山，福建福清人。他生平淡泊勤苦，为官以清正廉洁著称，虽生前职位不高，但所到之处都多有善政。为官之外，他惟读书穷理为务，辛勤笔耕，著有《诗经存固》《四书述训》《芝堂遗草》等。而他的儿子叶向高二次入相，在任期间竭诚尽忠，调和党争、对抗阉党，力图补救，对于缓解晚明社会危机和改善极度黑暗的政局有一定影响。同时叶向高也是晚明馆阁文人的文学领袖，不愧为一代名臣。值得一提的是，正是叶朝荣任养利州知州的那年，叶向高中进士，从而走向仕途。

在大新县县城小学内曾有一块明代碑刻，题为《养利州知州叶公专祠碑记》，此碑是万历三十年（1602）由王约、陈勗、李国珍、董廷钦等当地军政官员、生员、耆老等为叶朝荣设祠堂时所立。碑文中着重叙述了叶朝荣在养利州的施政措施与政绩，从中可以看到改土归流后，养利州在社会治理方面的诸多改变，从而得以窥见中央王朝的直接管理对边疆民族地区经济、社会、文化发展带来的积极影响。

碑文开篇说："国初用不易其俗之法，杂长之以土酋。改土为流，自宣德六年始也。"这是说明朝开国后，对广西的边疆民族地区的管理仍延续了土人自治的羁縻制度，通过授官土酋为世袭土司来管理土州，而养利州的改土归流是从宣德六年开始。碑文中强调的第一个治理方面的改变便是建立学校，推行教化。碑文说万历二年（1574），前任知州王之绪开始在养利州建学立师，但教学场所设施等并未准备完全，教化尚未得到有效的推行，当地之人都盼望能够有贤明的官员到来。等到叶朝荣来任知州，他调查了全州的民情，不禁感叹道：这里的人民都很善良，只要施加影响都会马上回应，奈何之前的官员都带着地域歧视，因这里是边远之地就带着鄙夷的目光看待当地人民。他认为为官一方，有利的措施不施行，有害的事情不清除，这是为政者没有尽职责。所以，"士故无师承，公为之捐俸饬宫，定期课艺"。鉴于当地士子没有老师为之指引，他捐出俸禄整饬州学，并定期考核学生学业。文中所述之情况与《养利州建修瀛洲书院碑》"询之学博，方知家自为师，人自为学"的情况相同，可见虽在明代便有贤能的官员推行文教，但直到清代嘉庆年间，此地的文化发展仍属落后。这足以说明在封建王朝时期，边疆少数民族地区文化教育事业发展的困难和阻碍之大。叶朝荣为了养利州的文教发展，亲自当起了老师，子史典籍中凡与教化相关者，都会用大义为学生进行剖析，务必使他们消除疑虑、通晓道义。叶朝荣又在乡村建立社学，延请教师教导百姓中那些聪隽之人，当地的向学之风逐渐兴起。叶朝荣的文教之治取得很好的效果，广西三年一次的乡试，便有养利州的士子取得资格前往应试。正是因为几任知州的努力，万历一朝，养利州就有多位士子中举出仕。当地人民的精神面貌也得到了改观，有了邹鲁那般礼仪之邦的样子。正如《福清县志》中所言："暇则与诸生讲说经术，迪以纲常。至蛮夷君长，皆款关受学。州俗一新，埒于中土。"

除了推行文教，叶朝荣在养利州还兴修水利、鼓励农桑，推动当地农业技术的发展。他也念及民生的疾苦，为百姓们免去了累欠的赋税，又放缓了催征，使百姓能够安居乐业。最后，叶朝荣深感养利州周围局势复杂，常有匪盗之患，于是加强了城防建设，他将养利州原来比较粗陋的土城改建为了石城，又挖深了沟壕。碑文用《诗经·大雅·崧高》中的诗句"有俶其城"来赞扬叶朝荣的城建之举，此句意为"多么美好的城池啊"。当然作者也是借该诗所颂申伯勤勉笃行、辅佐周室之事，比拟叶朝荣在养利州的勤政。可以说，养利古城的基础样貌便是这时成形的。

叶朝荣在养利州的惠政得到了当地人民的认可，他在任三年，街头巷陌便处处传出对他的讴歌，他贤能的名声已经冠绝全桂。但是第四年叶朝荣不幸死于任上，他的去世引起了当地的震动，碑文是如此描述的："当时士若甿彷徨失怙恃也，扶輀拥恸震野，至輀不得发。公既归葬矣，州甿时时见公乘白马尚羊于城门阃与其山阻水涯间，此胡为者。岂公之桐乡兹土，英灵竟陟降不磨，抑民之思极爱深，焄蒿凄怆而如见耶。仰止系情，历十余年来犹一日也。"意思是当时养利州的士子们都彷徨失措，仿佛失去了依靠。人们扶着叶朝荣的灵柩，哀痛之声震动四野。人民哀痛不舍，以至于不能发丧。当叶朝荣归葬后，当地人民常常见到他乘着白马徜徉于城门和山水之间。“桐乡”为《汉书·循吏传》中朱邑的典故，朱邑年轻时曾在桐乡任啬夫，职掌听讼、收取赋税，他为官廉洁宽仁，受到了当地人民的敬爱。当他即将病逝前，他嘱咐自己的儿子：“我曾经是桐乡的官吏，桐乡人民敬爱我，我死后一定要把我葬在桐乡。我的子孙们对我的奉祀，不如桐乡的人民。”他的儿子将他葬在了桐乡的西城外，桐乡人民果然一起为他建立了祠堂，年年都给他祭祀。此后“桐乡”便成为官吏在任时行惠政、有遗爱的典故。作者认为叶公常常显灵，不仅是因为他在养利州留下了惠政，对此地有深厚的感情，故其英灵留滞于此处，也是由于人民对他的敬爱怀念之意深厚，祭拜凄怆，就像见到了他本人一样。《福清县志》所载也与之类似：“卒之日，僚属检其囊，仅书数卷、衣数袭而已。士民奔走巷哭，立祠以祀。”

在封建社会，一地之兴衰往往系于当政主官一人，世袭土司代代相继，往往乐于守成，满足于维持家族对当地的统治。而流官一方面有任期，要接受朝廷的考核，他们需要做出政绩才能得到认可和升迁；另一方面，与土司相比，他们普遍具备更高的文化修养，更加开放的眼界心胸和更优秀的治理才能，必然能够带动改土归流后的民族地区的治理革新，促进当地的文化交流和社会经济发展。能够有叶朝荣这样清廉勤政的官员是养利之福，而叶朝荣能够在碑刻和史籍中留名千古，不也是养利州所成就的吗？

撰写此碑文的萧云举，在晚明政坛和文坛也有着举足轻重的影响。萧云举，字允升，号玄圃，广西宣化县（今南宁市）人。万历十四年（1586）进士，曾任职于礼部和吏部，官至太子太保、掌詹事府事、礼部尚书。他曾主持万历三十八年（1610）会试，选拔韩敬、钱谦益等人。他还多次主持祭祀天地等国家大典，堪称朝中重臣。他也是晚明的著名文人，重新校刊《北周书》《南齐书》《元史》等史部典籍，著有《青罗集》，是明代由广西走向全国，并取得重大成就的士子代表。这也说明至晚明时，广西的文教事业较之以前已有了长足的发展。

# 清代龙胜理苗厅的治理活动

## ——《龙胜理苗厅新建城堡营房等工程碑》《龙胜分司批明陈廖二姓河界告示碑》《龙胜理苗分府禁革事项碑》

清代时，在西南少数民族地区出现了以“理苗”为名的行政机构。有“理苗州”，如贵州的册亨理苗州；还有“理苗厅”，如我们要着重介绍的龙胜理苗厅。从名称来看，“理”是管理的意思，而“苗”并不是指“苗族”这一个民族，而是对生活在我国西南地区的少数民族的统称。“州”和“厅”是清代的行政区划，在行政级别上，直隶州、直隶厅由省直接管理，与府行政级别相同。散州、散厅，由所属府管理，与县行政级别相同。上面提到的“册亨理苗州”“龙胜理苗厅”便是散州、散厅，虽然它们的级别相同，但州和厅在性质上存在着差别。简单来说，州与省、府、县一样，是原有常设的行政区划。而清朝设立厅，一方面是为了加强对边疆地区（主要在陕西等西北地区和四川、云南、贵州、广西等西南地区）的管理；另一方面厅不用另外增加官员，而是将原本分管特定事务的官员调配到设立厅的地方管理行政事务，所以龙胜理苗厅，也称“龙胜理苗分府”。这有点像现在省、市设立新区、开发区，也是从原有的行政机构中抽调人员成立政府派出机构进行管理。当然，与现在的新区、开发区不同，厅的设置多半在难以管理或新开发的地区。所以可以这样说，“理苗厅”是清政府专门为那些难以管理的西南少数民族地区而设立的特别行政机构，从而对当地的少数民族加以安抚和管理，相较于单纯的军事弹压，或落后的民族合款制度，显然是明显的进步。那为什么桂林府要在龙胜地区设立理苗厅，龙胜理苗厅设立后，对当地的治理又带来了哪些变化呢？我们可以从当年龙胜理苗厅所立碑刻留下的信息中去了解这个特设机构。

在龙胜的旧县址有一块碑额为“新建桑江工程碑记”的碑刻，广西民族研究所编的《广西少数民族地区石刻碑文集》收录了该碑文，题为《龙胜理苗厅新建城堡营房等工程碑》。据碑文落款，这方碑的刊刻时间是乾隆八年（1743）六月，龙胜理苗厅设立于乾隆六年（1741），所以此碑刊刻于龙胜理苗厅成立后的第三年。撰文者是龙胜理苗厅的通判杨维青，碑文是对龙胜理苗厅成立后进行建设的记录。

龙胜古称桑江，因贯穿此地的河流桑江而得名，在乾隆五年（1740）设立理苗厅之前，属于义宁县，所以此碑碑额为“新建桑江工程碑记”。碑文先写理苗厅设立的背景，指出龙胜地区“万山环峙，五水分流”，以前属于义宁县，是桂林西北的屏障。龙胜处于连接湘桂的咽喉之地，这个地区正如碑文所言，崇山万叠，峭壁千寻，道路十分崎岖，自古以来，便是苗、瑶、侗、壮等多民族聚居的大山区。这里虽然是“粤西之藩篱，桂林之肘腋”（民国《龙胜厅志》），地理位置非常重要，但由于环境险恶，社会发展相当缓慢，到明清时期还盛行着“合款”“瑶老”等民族社会组织形式，农业生产上仍处于“刀耕火种”的原始状态。从文化上来看，这里非常闭塞，人们不行商、不读书，崇拜鬼神，笃信巫术，所以此地被地区以外的人视为未开化的“生界”。碑文接着说：“乾隆五年夏，苗瑶梗化，耆定武功，仰荷皇仁宪德，不忍弃此方民，乃置协营，以资捍卫，设理苗以司教养，建城筑堡，伐木开山，工至巨也。”“梗化”是顽固、不服从教化的意思，“耆定”是达成之意，所以这里讲到了龙胜理苗厅设立的直接原因：当地少数民族的起义。

险要的地势、中央王朝在此地统治力量的薄弱和落后的社会面貌，为龙胜各民族的起义提供了条件，龙胜的少数民族起义此起彼伏。碑文中提到的便是乾隆五年四月，发生在龙胜的吴金银、张老金起义。吴金银、张老金起义是在城步五峒地区侗族首领粟贤宇、苗族首领杨青保领导的起义影响下发动的，他们在战争中互相支援，起义军最多时有一万余人，虽然九月份的时候被清军镇压，但起义军余部仍在石金之、戴老四的率领下，转战于广西河池怀远镇、贵州黎平、湖南通道一带。为了平息此次起义，清政府调集湘桂粤等省官兵三万余人，军资耗费巨大。这让清政府意识到龙胜地区离所属的义宁县署太远，再加上山高路险，导致县署很难对当地的少数民族进行有效的安抚和管理。于是在平定当地乱局之后，桂林府在龙胜“置协营，以资捍卫，设理苗以司教养”，在龙胜设义宁协，驻重兵；又将以前的桑江巡检司移驻到此，改为龙胜巡检司，保障这里的治安；设置理苗厅，将桂林府通判移驻于此，负责对龙胜地区的管理。

龙胜理苗厅成立后，便在此处建城筑堡，完善行政和驻军的基础设施。工程开始于乾隆六年秋天，完成于乾隆八年夏天，耗时两年。龙胜的城建工程非常浩大，碑文记载一共建设了堡垒六座，卫署驻军的营房一千三百余间，烽候汛防设施四十五座。除军事设施外，还营建了官庙，修葺了市场店铺，设置了义学，开辟了道路。应该说经过两年的建设，龙胜面貌一新，小城初具规模。当然除了城市建设外，碑文中也提到了龙胜理苗厅所推行的一些措施，比如上面讲到的“义学”，便是在这里推行文化教育。再如“实仓廪”是充实粮仓，保障粮食安全，应对歉收和饥荒。“均租赋”是摊派赋税，如此，龙胜各族人民便加上了赋税的枷锁。当然龙胜理苗厅初设，龙胜的发展任重道远，正如碑文所言那样，“新疆初开，土瘠民贫，何以登之康阜。礼教未娴，何以沐之诗书。俗剽悍而民易犷，何以涤虑洗心”。虽然朝廷设置理苗厅的根本原因是加强对当地少数民族的统治，维护当地的稳定，但行政主官有着带领当地民众登康阜、兴文教，使龙胜实现与全国“共一道同风之盛”的美好愿景，这不也预示着理苗厅的设立将对当地的发展产生积极的作用吗?

在龙胜还有两块公立告示碑，记载了龙胜理苗厅对当地进行治理的一些细节。龙胜枫木寨有一方道光二十三年（1843）十一月初八日刊刻的公立告示碑，碑额为“奉宪照例”，《广西少数民族地区石刻碑文集》题为《龙胜分司批明陈廖二姓河界告示碑》，碑文记载了龙胜理苗厅对当地陈、廖二姓因捕鱼河道产生纠纷的案件处理情况，原由是廖氏向理苗厅状告陈姓强行拆除他的渔网。为了推动当地的开垦，理苗厅准许各族人民按照自己的旧址，各占各处进行开垦，捕鱼的河道也是各分各节。经过龙胜巡检司的调查，廖姓的渔网被拆毁，是因为廖姓侵入了陈姓的河界，所以理苗厅对陈姓拆毁廖姓渔网的行为不予追究。同时理苗厅也借此案件的公开晓谕当地百姓，遵照旧例，不得侵占滋事。碑文还在文末列出了村内人、头人（少数民族村寨的头领）以及参与办案差役的名字。从碑文可以看到当时政府公文的样子。更重要的是，我们看到了理苗厅在处理案件和民事纠纷方面的治理行为。乾隆以前，这里的案件和纠纷都是由各族的“伙首”“款首”按照“苗例”自理，不受政府管理。从碑文来看，理苗厅的设立，结束了长久以来的苗侗民族合款自治的历史，实现了对当地的直接管理。

另一方碑是光绪九年（1883）刊刻的《龙胜理苗分府禁革事项碑》，所禁事项有关当地头甲选举及头甲的职责。头甲是民族村寨编甲后选出的甲长。理苗厅设立后，对民族村寨采取了牌甲制的户籍管理方式，以此加强社会基层的治安管理。一般来说，村寨中十户人家编为一牌，有牌头；十牌编为一甲，有甲长。从碑文来看，当地的头甲由各乡自行推举，不由官府委派，而且头甲不会因为理苗厅长官的撤换而撤换，准其永久担任。乡里如果要选举头甲，需要事前联名向理苗厅禀告。头甲的职责也在碑文中进行重申："头人有巡缉匪类、弹压地方之责。"即说头甲的职责是维护当地治安。

我们看到这三方碑刻，记载了从乾隆八年龙胜理苗厅设立后开展工程建设，到道光二十三年处理村民捕鱼河道的纠纷，再到光绪九年颁布与头甲选举相关的事项，时间间隔一百四十年，仿佛是三个剪影，向我们述说着关于龙胜理苗厅的悠久历史。

毫无疑问，在龙胜理苗厅成立到撤销的一百七十余年间，所采取的政治、军事、文教、经济等各方面的措施，不仅维护了龙胜少数民族地区的社会稳定，也加快了当地的社会经济文化发展。比如龙胜大力种植经济林木，特别是茶叶，使"龙脊茶"成为有名的贡品，很大程度上改变了当地落后的农业状况。而且，龙胜厅的商业也得到了很大的发展，在厅城有各地客商建立的会馆，并形成了瓢里埠这样的行商集镇。经济社会的发展也推动了龙胜当地的对外联系和交流，大批的汉人迁入龙胜，与各族人民和平共处，互通婚姻，促进了民族的交流与融合。龙胜理苗厅充分发挥了民族地区与中央王朝的政治纽带作用，对巩固和发展统一的多民族国家具有不可替代的作用。

《龙胜理苗厅新建城堡营房等工程碑》（广西壮族自治区博物馆藏品）

# 省府禁革碑与清朝对土司地区统治力量的强化

## ——《广西巡抚禁革土司地方科派告示碑》《布政司禁革土司地方藉命盗案苛扰告示碑》

习近平总书记在2019年的全国民族团结进步表彰大会上，对中华民族多元一体格局的形成，作出了精辟的阐述，他指出："一部中国史，就是一部各民族交融汇聚成多元一体中华民族的历史，就是各民族共同缔造、发展、巩固统一的伟大祖国的历史。"在这悠久的历史进程中，随着中央王朝逐步加强对边疆民族地区的统治，历代各民族一步步走向团结融合。

西南地区地理环境复杂，民族众多，中央王朝对这一广大区域的管理，从唐宋以前互利合作、关系松散的羁縻制度，到元明时期因俗而治、"以夷治夷"的土司制度，再到清朝大规模改土归流，并加强对保留土司的管控，终于逐步实现了对西南民族地区的直接管理。

土司制度在西南少数民族地区存续时间漫长，在维系中央王朝对边远民族地区统治、促进民族交流融合、推动统一的多民族国家形成等方面起到了重要的作用。但经过长时间的发展，土司制度所带有的割据性的根本属性，使其弊端愈显突出。作为高度自治的地方政权，土司机构对中央王朝推行大一统形成了阻碍，使得朝廷的号令在西南地区难以得到精确实施，国家的职能不能在此处发挥应有的作用，削弱了国家管理的整体性。所以，随着清王朝统治力量的增强，以及对西南民族地区统治的重视，削弱土司势力便成了当务之急。除大规模地推行改土归流外，对留存的土官的管控也更加严密，土司的权力和影响力受到了很大的削弱。这在留存下来的官府针对土司陋规而立的禁革碑文中表现得非常明显。

在大新县旧安平土州和全茗土州分别有一方碑刻，均刊刻于光绪年间，即广西省府针对土司的禁革碑——《广西巡抚禁革土司地方科派告示碑》和《布政司禁革土司地方藉命盗案苛扰告示碑》。二碑碑文反映了地方对土司管控的加强和土司某些特权的丧失。

《广西巡抚禁革土司地方科派告示碑》是光绪五年（1879）广西巡抚针对土司对土民摊派捐费、肆意盘剥的陋规进行严禁的告示，由安平州世袭李氏土官立于治所。碑文揭露当时土司地方民生凋敝的主要原因是土官不恤民艰，遇事科派过甚，给土民带来了沉重的负担。而之所以形成这样残酷剥削的陋规，除土官自身盘剥无忌的原因外，也因为文武衙门官员不仅自己巡查土司地方时向土官任意苛求，还纵容下属吏员“需索使费”。而土官“费无所出”，只能转嫁于土民。从中我们可以看到晚清时期，广西地方官员贪贿成风，吏治腐败，在如此黑暗的统治下，土司地方的各族人民自然是民不聊生。巡抚显然对这样的情形也是大为震惊，所以发出了“似此相率妄为，吏治何由而肃？民业何由而安？”的感慨。为了整顿吏治、破除陋规，他一方面核查官员求索科敛和纵容吏属索贿等违反律法的行为；一方面对土官和觐见上级官员的一切衙门使费，以及各级文武官员视察土司地方的巡边规费等名目一概予以禁革，同时也要求土官不得以事为借口无故向土民征收苛捐杂税。他要求通过在文武各官衙及土司官衙前立碑刊刻的方式，将告示公之于众，使各级官吏严格遵守。

《布政司禁革土司地方藉命盗案苛扰告示碑》是光绪十二年（1886）广西布政司针对土司地方常借命盗案件勒索盘剥土民的情况，对相关陋规予以禁革的告示。布政司全称承宣布政使司，是省级的行政机构，它的主官布政使，在清代是巡抚的下属，主管一省行政和财税。此碑刊立的背景是太平府（辖境大致相当于现在的崇左市）向布政司反映该府领辖的土司地方，普遍存在命案由发生地村民帮贴殓葬费用，盗窃案则由村民赔偿损失的陋规，这导致命盗案件的死者亲属和被害人“置凶盗于不问”，而是专注于纠缠当地村民，以获得更多赔偿。土官也往往不会花费精力去侦破案件、缉拿元凶，而是纵容缠讼，借此收取规费，中饱私囊。经太平府请示，布政司查明情况后发布告示，对土司地方的司法陋规予以禁止。这方碑文深刻地揭示了土官利用司法权盘剥欺压百姓并从中渔利的斑斑劣迹。实际上从乾隆朝至清末，在大新这个土司遍布的地方，留下了诸多禁革碑或例规碑，如《太平土州五哨新旧蠲免条例碑记》《太平州永革每遇人命案勒附近村庄帮贴殓费碑》《安平土州批准五处向定规例碑》等，都反映了土司设置名目繁多的司法例规，对百姓层层盘剥的现实。

土司统治下的司法黑暗已经到了令人震惊的地步，人们形容土官判案是“牛吃沟边草——两边啃”，无论是原告还是被告，都会被众多的例规层层剥削。如收取审事通堂钱、报案票取钱、调查鞋钱、原告通堂鞋钱、递送钱等，科目繁多；衙役公出调查办案，当事人还要支付差旅的费用。比如《安平土州批准五处向定规例碑》便规定差役下乡办案当事人要承担的费用：“遇大案，所有奉差委人等下乡，办应规例钱壹仟贰伯（佰）文。”“遇小案，所有奉差委人等下乡，办应规例钱贰伯（佰）文。”“差役下乡，有票，应规例钱壹伯（佰）文。”而被收监的犯人同样会受到牢役的盘剥，如收押、洗手、看守、灯油、探监、松闸、解镣、除拷等费用，同样名目繁多，可谓步步见血、层层要钱。在这样的情形下，办案已经成了土司剥削人民的工具，哪里还有公平、正义可言，倒是因诉讼而倾家荡产的情况屡见不鲜。

巡抚和布政司在洞悉土司地方侵扰人民的陋规后，采取措施予以禁革，这能在一定程度上缓解民困。而省府用行政命令的方式对土司施政进行干预，则说明清朝对土司不再施行间接的羁縻政策，而是采取直接的行政管理措施。刊石立碑的行为，则说明清朝对土司地方的治理有着接受公开监督的意愿。这显然意味着土司特权的逐步丧失，土司制度走向衰落已经是不可逆转的历史趋势。

# 国家政教，一视同仁：南丹土州改县建署

## ——《南丹土州改县建署碑》

中华民国七年（1918）九月的一天，对于南丹这座位于广西西北边陲，因产丹砂（即朱砂）而得名的小城来说，一定是一个值得永远铭记的日子。因为这一天，南丹土州被废止，南丹县成立。作为广西最后改土归流的州县之一，南丹县的成立，成为土司制度在广西区域终结的标志。

南丹可以说是中国历史上实行土司制度最早、持续时间最长的地方。宋太祖赵匡胤开宝七年（974）壮族土酋莫洪燕纳土归宋。从宋神宗元丰三年（1080）设立南丹土州，钦定莫氏为世袭土官起，到光绪三十一年（1905）南丹土州最后一任土官莫泌为止，南丹莫氏一共延续了二十八代，共五十三任土官，是我国历史上最早、延续时间最长的土司家族。

九百多年漫长的土司历史，历经宋、元、明、清等多个王朝，终于在民国七年九月南丹改县建署的这一天画上了句号。南丹终

于摆脱了封建世袭的落后统治，南丹各族人民也终于摆脱世袭统治下家族臣民的身份，与全国其他地方的人民一样，迎来新的历史阶段。所以，在这个革故鼎新的重要历史时刻，时任河池县知事兼承审南丹土州的黄祖瑜满怀激动的心情，为南丹土州改县建署写下序文，并被刊石以为留念。这方题为《南丹土州改县建署碑》的碑刻，为我们了解这一历史事件，感受当时人们的思想情感提供了珍贵的历史材料。

碑文内容共分为三层，首先是南丹土州的历史沿革，其次是改县建署始末，最后是申明改县建署的历史意义。文章内容逻辑紧密、层次分明，思想深刻又情感充沛，是一篇非常出色的记叙文。

文章以“窃维天地生成，无私覆载，国家政教，一视同仁，特恐吾人不自爱而自外之耳”开篇，以天地自然的至公无私，引出“国家政教，一视同仁”的政治理念，体现出民主共和的进步思想，并以此统领全文，可谓高屋建瓴。接下来以“特恐吾人不自爱而自外之耳”过渡到文章第一层，即对南丹土司统治历史的追溯。封建王朝时期的边疆治理的情形以及改土归流的过程极为复杂，土司制度有效地维护了这些地区的稳定，巩固了国家的统一，对于我国多民族统一国家的巩固和发展有着积极的贡献。但是，土司制度的家族世袭统治和封闭性，也带来了诸多不可避免的弊端，不利于当地的经济文化发展和民族的交流交融。可以说，土司制度是中央王朝与少数民族统治阶级之间相互妥协的产物。故而，澳大利亚学者詹妮弗·托克在她的土司研究著作《中国西南地区的部族首领：中华帝国晚期壮族首领在土司制度下的特权》中指出，中央政权一直都视土司制度为一种暂时的策略，王朝的直接统治将最终取而代之。只不过，这一“暂时的策略”持续时间长达好几个世纪。所以，南丹化外之地的情况没有改变，有着土司家族维护世袭统治的原因，有着中央王朝力有不逮或轻视忽略的原因，唯独不能将这个责任归咎于南丹人民。

碑文对南丹历史变迁的叙述简要而清晰。作者说，南丹是古代的观州，是苗瑶等少数民族杂处聚居的地方，一直固守着以部落酋长为首的落后社会制度，而不受中央地区的政教管理。观州是北宋大观元年（1107）所立，南宋绍兴四年（1134）被废后，南丹州又得以恢复。碑文说宋元丰年间，莫伟勋平定了当地的民族叛乱，以军功被授予南丹土州刺史。莫伟勋的事迹见于本书《自作墓志的清代土官莫遐昌》一文介绍的《南丹土官莫遐昌墓志碑》，这方墓志说南丹莫氏始祖莫伟勋，原籍山东青州，元丰年间征剿南丹的瑶民，因军功被授世职，设立十三个哨目分别驻守全州各处。但现在来看这种说法是可疑的，特别是“狄青大军后裔”的说法在广西的土官家族中普遍存在，这是编造汉人身份，彰显自己“中原正统”的身份以自重。一般来说，我们认为南丹莫氏土司的先祖是归附中央朝廷的壮民首领。“哨”是土司领地的区划，土司将领地分成哨、甲、亭、屯，分别交给哨目、甲目、亭目、甲头去管理。到了元代的时候，朝廷便委任千总、把总等军官外驻于南丹州的大厂、六寨、者扛等处，加大了对当地的军事管控。到乾隆十年（1745）的时候，清政府开始在南丹土州设立州判，这是通过在土司衙门设立流官担任辅职，改善地方土司的行政管理，加强了对土司的管制。但无论采取军事还是行政方面的措施，只要土司的世袭官职不变，地方的实权就还是掌握在土司手中，朝廷对当地就会缺少有效控制，所以碑文说由宋到清，土民的叛乱就没有停止过。到光绪三十一年莫泌病故，南丹土州改置弹压委员，归河池承审。弹压委员是土司地方向厅、县等正式行政区过渡时的一种行政设置。正因为民国时期南丹土州已经实行弹压制，由河池承审，所以南丹改县建署，才由担任河池知事的黄祖瑜来撰写序文，而署理南丹的弹压委员是碑文所写的方天眷、刘秉堃二人。

碑文的第二层内容便是改县建署的过程。民国成立，南丹也受到新时代风潮的影响，民众的思想观念逐渐觉醒，社会风气逐渐开放，于是有了改县的主张，但历任知事都没有真正实行。到了民国六年（1917），碑文作者担任河池县知事，方天眷任南丹弹压委员，他们清查乡村、肃清变乱之后，发现南丹文化落后的主要原因是改为弹压制后，没有专门的官员管理，于是便谋求南丹土州改县。弹压委员方天眷与州中的绅士和耆老联名呈请改县，得到了省府同意改县的批复。然后黄祖瑜亲自到南丹，与方天眷召集州中绅耆商议，确定将以前莫氏的土官衙门，改建为南丹县的县署。民国七年四月开始修建县署，到九月完工。能够改县建署，离不开筹办改县的各位职员的艰辛工作，以及南丹各哨的踊跃筹款。这革旧鼎新的功绩应该刻碑留念，以垂后世。

碑文第三层内容是作者对南丹改县建署重大历史意义的阐发。他认为建立县署固然是改县事业的一项举措，但改县的意义远远超过修建官署。他希望以后到南丹任职的官员，能通过改县建署这件事，思考为官行政之道，包括改善民生、教化风气、促进生产、增进民利、去除民害等五个方面。这样才能够造福南丹百姓，促进当地的社会发展和进步，建设县署才是有意义的。如果县政府仍然摧残百姓生命，剥削民脂民膏，借百姓诉讼而索贿，侵吞公款，抢占民业，不顾百姓冤屈，与以前落后、残酷的土司统治便没有区别，那改县也没有意义，建筑县署更无可取。作者通过对比分析，深刻地揭示出改县建署，是要实现革旧弊、行新政的真正目的。

碑文最后，作者难抑激动的心情，表达了对新时代的南丹迈向幸福的美好祝愿。他指出在共和时代、民主国家，人民是国家的主人，所以“中华者，中华人民之中华也”“南丹者，南丹人民之南丹也”。这体现出与封建皇权思想全然不同的进步观念。他勉励南丹人民，南丹的公共福祉和利益，要大家共同努力争取；以前的那些积弊，要共同努力革除；要彻底摆脱旧南丹的窠臼，共同缔造一个充满希望和前景的新南丹。

文章所述之事，是南丹土州摆脱九百余年土司统治，迎来改县建署的新时代，令人振奋。文章气势充沛，情感激越，也足以感发人心。而更为重要的是，文章中“国家政教，一视同仁”，人民是国家主人等语句反映出新时代民主共和的新思想、新观念，让人耳目一新，这也许才是这方碑文最有价值的地方。

# 民国时期免除少数民族苛税
## ——《广西民政厅批示碑》《恭城县政府布告碑》等

明清时期，在土司统治下的广西各少数民族，被视为世袭土官的私产。由于不受中央王朝律法的约束，土司们对属下民众的掠夺更加肆意妄为，以各种名目横征暴敛的行为非常普遍，使各民族同胞遭受来自政府和土司的双重严重剥削。

正是这样的原因，我们能看到清代土州有一些由广西省府及各地衙门所立革除或蠲免土州条例、科派的告示碑，如《太平土州五哨新旧蠲免条例碑记》《镇安府详定下雷土州应留应革年例碑》《广西巡抚禁革土司地方科派告示碑》等。这是针对土州盘剥过甚，为了避免矛盾、纾解民困，政府不得不对土司统治行为予以干涉的结果。而这种干预正体现出清政府对土司地方的控制力量逐步加强。当然政府的这种干预对于减轻土司治下少数民族同胞生存负担的效果是有限的，因为土司享有对该地的直接统治权力，多数情况是革除一定的陋规后，土司又会设立更多的名目进行征敛，少数民族同胞受剥削的社会地位不改变，他们的生存状况便不会得到根本改善。

民国时期，封建帝制被推翻，广西民族地区的土司制度终结，少数民族同胞摆脱了封建时代被奴役和压迫的命运。随着思想文化解放，各民族平等、团结的进步观念得到传播，广西省政府对少数民族苛税的减免，相比于清政府对土司例规的禁革，在性质上便有了根本性的变化。例如在广西桂林阳朔县和恭城县，存有多方广西民政厅的免税批示碑和县署所立的免税公告碑，记录了自民国初期到中期针对瑶族同胞实施的免税政策。

这些碑刻中最早的是原存于阳朔县福利乡龙尾瑶新村盘古庙中的《广西民政厅批示碑》，此碑高25厘米，宽35厘米，有小部分的损毁。碑文是民国二年（1913）广西民政厅对平乐、恭城、阳朔三县瑶民豁免乡团所抽百货捐呈请的批示文件。在此地，还有民国二十二年（1933）的《广西民政厅批字碑刻》，同样是对平乐、恭城、阳朔三县瑶民请求豁免乡团抽收百货捐的批示。此方碑刻原存于恭城县西岭瑶族乡新合村高界屯，《瑶族石刻录》题为《高界小源芹菜瑶特立古照碑记》，其文件批字号与民国二十二年阳朔《广西民政厅批字碑刻》相同，都是“广西民政厅批字六二五号”。这是因为这份批示文件同时涉及平乐、恭城、阳朔三地，故恭城、阳朔都出现了批字号相同的碑刻。此外，在恭城县西岭瑶族乡新华过山瑶族村和新合村高界屯，还原存有民国二十三年（1934）恭城县政府的免税布告碑。而同样在阳朔县福利乡龙尾瑶新村盘古庙，还有民国二十三年阳朔县政府颁发的《免捐护照碑》。

上述这些碑刻给我们提供了当时广西各级政府相关民族政策

的实施情况，以及民族地区治理方面的一些生动细节。上文提及的阳朔《广西民政厅批示碑》《广西民政厅批字碑刻》和恭城《高界小源芹菜瑶特立古照碑记》，碑文内容都是针对瑶民地区百货税的豁免。百货税即对人们日常生活中的各类日用品征收的税种，它应该来源于清末时设立的厘金。厘金本是为筹措军饷而设立的一种商业税，厘金中根据课税品种不同，分为百货厘、盐厘、洋药厘、土药厘等四类，其中属百货厘设立最早，征收的范围和占比最大。凡是人们日常生活所需的物品，无一例外都在征税之列。而民国初期，由于战乱频繁、政局动荡，广西当局尚无力整顿税制，于是基本沿用了清末的税制。当时征收的税种分成了国家税和省税两大类。关税、盐税、矿税、契税等属于国税，省税中有百货统税、厂税、烟酒加征、屠捐、戏捐、车捐等等，百货统税在省税中仍是最为重要的税种。由民国初期广西的税制情况，可以看出经历清末民初的社会大变革后，时代的诸多变化。第一，随着商品经济的发展，在民国初期的税制中，商业税已经取代封建时代农业税的核心地位，成为国家和地方税收中最重要的部分。第二，碑文中瑶族同胞呈请豁免的百货税是由民团抽取的，民团起源于晚清时为镇压各地农民起义而兴办的团练，在民国时期得到了延续和完善。民团是传统的地方武装力量，这几方广西民政厅的批示碑文中都提到百货税为民团所抽取，其与晚清时百货厘主要用于军事经费的情况有着明显的承续关系。第三，在民族地区和一般地方已经统一行政管理和财税政策的前提下，广西省民政厅响应平乐、恭城、阳朔三地瑶民豁免百货税的呈请，为此专门批复相关县政府，责成其查明上报情况，并予以核办。这体现出在民族团结和民族平等的前提下，广西省民政厅对少数民族民生的重视及政策上的照顾。还有一点值得注意，阳朔县福利乡第一块广西民政厅批示碑是民国二年的，到民国二十二年在阳朔和恭城立批示碑，中间相距二十年，但碑文的事由都是平乐、恭城、阳朔三地的瑶民呈请豁免百货税，民政厅的处理意见也都是请三地县政府查明核办，甚至厅长都还是同一人——雷殷。这是否说明，民政厅民国二年第一次豁免三县瑶民百货税的行政决定要么没有得到执行，要么当时免除了三县瑶民的百货税，后来又恢复了征收，所以二十年后三地瑶民才会再次向民政厅呈请豁免百货税。

广西民政厅于民国二十二年给予批示，次年恭城和阳朔县政府对瑶民实施免税政策。恭城县政府的免税布告碑和阳朔县政府的《免捐护照碑》虽是两县分别刊立，但碑文内容基本相同。首先说明布告缘由，即瑶民地区已经完成了编户，但由于普遍贫困，所以恳请政府体恤，免除杂捐；然后是政府的行政命令，即之后的捐税都需要县政府的命令，才能实行，没有县政府命令则不能向瑶民随意摊派。恭城县的布告落款处，还特意强调免除瑶民榨税、猪税、酒税，不得抽调，阳朔县的免捐护照碑则没有此项内容。

两县政府的免税碑文颁布时间紧承广西民政厅的免税批示，而且内容都是对瑶民赋税的减免，所以很难不让人认为恭城县政府免税布告碑和阳朔县《免捐护照碑》是对广西民政厅免税批示的落实，但从碑文的内容来看，似乎与广西民政厅的免税批示碑文不相关。首先是两县政府的碑文都没有提到民政厅的批示，若是对民政厅批示的落实，按照政府行文的惯例，应该会在发文事由上提到上级文件。其次，广西民政厅批示涉及的税种是百货税，但两县的碑文中并没有豁免百货税的内容。正如上文所言，恭城县布告碑提及的免除瑶民的具体税种是榨税、猪税和酒税，而阳朔县《免捐护照碑》没有提及具体的税种。

值得注意的是，《恭城县政府布告碑》和阳朔县《免捐护照碑》都提到了“已编定户口”这一背景，而《广西各县苗瑶民户编制通则》颁行于民国二十二年。从这两方碑文可知，作为统一行政管理体系、加强民族地区治理的重要举措，苗瑶等少数民族的编户工作得到了迅速的推行。在《广西各县苗瑶民户编制通则》中也有“暂时不摊苗瑶民户之户口捐及其他各种费用”“管有山林田地，得暂时缓升科由纳税”等减免赋税的条款。阳朔和恭城在完成苗瑶民编户工作后，推行减免捐税的照顾政策，或许也是对《广西各县苗瑶民户编制通则》的贯彻落实。

## 民国广西当局加强民族治理的有益尝试
### ——《广西各县苗瑶民户编制通则及行文》

清代以前，广西民族聚居地区难以得到有效的控制和管理，其中最大的表现便是国家和中央政府对当地少数民族的户数和人口没有掌握，而聚居的各民族也没有履行纳税服役等国民的责任和义务。究其原因，这些地区要么实行土司统治，要么实行更为原始的合款制、瑶老制。土司世袭，生活在土司管辖地方的各民族人民被土司视作私产，人民的赋税等也仅与土司发生关系，国家并不介入土司地区的人口管理，自然不会掌握当地的人口情况。合款制和瑶老制，是源于氏族酋长时期的古老社会制度，通过设置共同规则，并推举德高望重的人，负责处理对内、对外的各项事务。这具有高度自治性的制度，使这些瑶族地区固守传统习俗，排斥来自族群外部的管理方式。所以，长期以来中央王朝对这些民族地区的管理较为松弛。而人口和户籍管理是地方治理的一项基础性工作，也是进行有效社会治理的前提。“编户齐民”，先要“编户”才能实现“齐民”。

到了民国时期，广西民族地区的土司时代很快终结，国家的直接管理成为必然。对少数民族进行编户管理，加强对民族地区的治理，似乎是势在必行。但广西少数民族地区的编户管理却起源于瑶民的起义斗争。

民国二十一年（1932）十月，桂北灌阳瑶族同胞不堪国民党政府和当地地主的剥削，首先起义攻打县城，桂北其他地方的瑶民纷纷响应。国民党广西省政府诱杀了起义首领凤福林，并希望通过“宣抚”方式平定起义。1933年正月，瑶族同胞举行了万人聚会，并于次月发动大规模的武装起义，桂北全州、灌阳、兴安、龙胜、义宁等地，以及湖南南部沿边地区的瑶民也纷纷参加，起义的规模不断扩大。但由于瑶民起义队伍缺乏坚强的领导和严密的计划，在国民党军队的残酷镇压下，起义最后失败。

瑶民起义虽然失败，但它让广西省政府认识到省内民族问题的严重性。他们一方面拨款对战后更加贫困的瑶民进行赈济，特别是设立“工赈委员会”，以雇佣瑶民修造道路的方式，以工代赈，并免收瑶区数年租税，以减轻瑶民负担，恢复当地经济，在一定程度上缓解了国民政府和瑶族同胞的矛盾。另一方面，他们也希望通过革新瑶族地区基层行政模式，加强对这些地区的控制和管理，而最基础的工作就是编制户籍。正是在这样的背景下，广西省政府于1933年4月颁布了《广西各县苗瑶民户编制通则》作为省内苗瑶等民族人口户籍编制及乡村编组的制度安排。原存于广西恭城县西岭瑶族乡新合村高界屯的《高界小源芹菜瑶特立古照碑记》(收入《瑶族石刻录》) 刊刻了《广西省各县苗瑶民户编制通则》原文及县乡公所的行文。

《广西各县苗瑶民户编制通则》除对苗瑶地区民户编制方式方法作出规定外，还涉及政治、经济、社会、教育等方面的内容，反映了国民党广西省政府对少数民族地区治理的诸多新政策，可以说是少数民族治理的基本法则。

《通则》共二十五条。第一、二条是《通则》适用的范围，将全省有苗瑶民户的县及地方都涵盖了进来，而且从中也可看到，县级政府可根据实际的情况制定组织编制大纲。第三条至第五条是民户编制的原则和方式：采用甲、村、乡三级结构。苗瑶民户聚居达五人（户）以上者，编为一甲，设甲长一名；未及五户，便并到他族的甲中，由他族人为甲长，苗瑶族人为副甲长。苗瑶民达五甲以上的可编为一村，由本族二人担任正副村长；如果未到五甲，便并到他族村中，由他族一人为村长，苗瑶族一人为副村长。苗瑶民户聚居达五村以上编为一乡，也是由本族二人担任正副乡长；如果未到五村，便并到他族乡中，由他族一人为乡长，苗瑶族一人为副乡长。应该说乡村甲编组的方案比较全面，兼顾了户数人数多和户数人数不足的情况。苗瑶民户聚居的甲、村、乡，甲长、正副村长和正副乡长都由本族人担任，体现了民族自治的特点。而对于多族群杂居的地区，则尝试将各族混编入同一聚落，缩小民族间的差异。关于苗瑶民户的正副甲长、正副村长、乡长产生办法在《通则》的第十八条，都是采用委派的方式，而不是民主选举的方式，可见民国时期的基层社会并没有完全摆脱专制统治的命运。

第六条至第八条是对苗瑶族地区派遣助理的说明。考虑到完全为苗瑶民户的甲、村、乡的甲长、正副村长、正副乡长都由本族人担任，为了各级政府、公所更好地实施管理，《通则》规定对完全为苗瑶民户的甲、村、乡，上一级行政机构会各派遣一名助理，协助甲长、村长、乡长处理行政事务。派遣助理可以提高基层民族地区的行政效率，是提升民族地区乡村治理能力的一项很好的措施。当然，从另一方面来说，助理也可以成为国民政府监视苗瑶民族地区的眼线，这样苗瑶地区如有风吹草动，就再也瞒不过统治者的眼睛了。

第九条至第十一条是对行政经费进行规定。苗瑶民户占一半以上的村及乡，村公所和乡公所的费用，由乡财政完全支给。苗瑶民户数占五分之一以上，二分之一以下的村及乡，由县财政酌情予以补助。如果是贫穷的县，则可以呈请省财政予以补助。条目同时规定县政府和基层公所办理政务不能向苗瑶民户摊派人头捐税和其他费用。这可以看出国民政府在行政经费上对较为贫困的县给予了相应的补助，但县级财政对苗瑶民户比例小于二分之一的乡、村公所予以补助，却让苗瑶民户超过二分之一的乡、村完全负担行政经费，这样厚此薄彼的规定，与整个通则中表现出对苗瑶地区予以政策优待的倾向相反，其意图和目的令人疑惑。

第十一条、第十二条是关于发展农业生产的，查没荒地给苗瑶民户耕种，在赋税上给予优惠，贷给贫穷不能耕种的苗瑶民户耕牛和粮食。第十三条是关于公共卫生的，规定区公所和政府有预防和医治苗瑶户村乡瘟疫和流行病的义务，而且费用由各级公所和县政府支给。这一规定体现了现代公共卫生的特点，显然是时代的进步。

第十四条、第十五条是关于推行苗瑶民族地区教育的。《通则》规定完全为苗瑶民户的村乡，都要参照苗瑶民的习惯，设立特种学校，免费让苗瑶青年男女入学。从《通则》上面的内容可以看出，民国广西省政府以苗瑶民户编制为基础，推动一系列救济政策和经济文化政策的实施，取得了实在的效果。其中很重要的一项便是在少数民族中推行"特种教育"，颁布了《广西省苗瑶教育实施方案》《广西苗瑶教育委员会组织大纲》《广西特种教育区域设校补助金办法》《广西特种教育师资训练办法》等规章制度，大力推进少数民族基础教育。应该说，特种教育取得了较大成绩，对推动少数民族地区文化发展和文化交流作出了重要的贡献。据统计，1932年以前，广西少数民族区域"仅有私塾学校48所"。到1937年，全省"特种部族"散居区域，已设立中心基础学校36所，分部5所；国民基础学校610所，分校37所。在学儿童27073人，在学成年人22461人。更难能可贵的是，政府给予所有少数民族青年入学接受教育的机会，不仅学费免征，书籍和笔墨纸张也由学校暂为提供，有了义务教育的味道。另外，男女平等，都有入学接受教育的权利，这使得大量的女性加入到了就读的行列中。这无疑也是时代的巨大进步。

第十七条、第十八条是对苗瑶民户正副甲长、村长、乡长衣着的规定。其他的条款基本属于附则。其中值得注意的是第十九条："苗瑶各族之民户，须依照法令，一律平等，不得歧异。"这保障了少数民族平等的地位和权利。

总的来说，《广西各县苗瑶民户编制通则》在今天来看，仍免不了许多时代的局限性，但作为加强民族地区乡村等基层治理的基础和有效途径，它的颁布仍具有跨时代的意义：一是推动了广西在全省范围内开展对边地民族人口的社会状况调查，使政府第一次较为科学地掌握了民族地区的人口情况，为救济政策和经济文化发展政策的有效实施奠定了基础；二是对漫长封建时代被边缘化的少数民族地区实行编户管理，使这些地区社会形态发生了巨大的改变；三是实行了诸多有效的发展措施，经济社会得到了一定的发展，民众获得了实实在在的好处。四是某些条款体现出了民族平等、性别平等、教育平等的思想观念，彰显了时代的进步。

# 庄严承诺彰显红军民族团结立场

## ——《长征标语》

说到龙胜，我们第一时间便会想到层叠盘旋、连绵壮观的诗画梯田，它让我们沉醉于秀美宁静、人与自然和谐共处的生态画卷之中。我们也会感叹于这里壮、瑶、苗等民族村寨星罗棋布、民族节庆丰富多彩。但龙胜不仅有秀美的风光和浓郁的民族风情，还有红军楼、审敌堂、红军桥、红军岩等红色遗迹点缀于山光水色与民族景观间，向来到这里的人们讲述九十多年前波澜壮阔的长征故事。

1934年，由于王明“左”倾错误，中央苏区第五次反“围剿”失败，党中央和红军被迫实行战略转移，开启了艰苦卓绝的长征。在中央红军实施战略转移之前，曾命令红军第六军团作为先遣队从湘赣苏区突围西征。1934年9月，第六军团经过在湖南境内的辗转征途，基本摆脱敌人的围追堵截，由清水关进入广西境内。第六军团在灌阳、全州、兴安、资源等地经过9天多次激战，突破层层封锁，离开广西，并于10月与贺龙率领的红三军会师。

在第六军团离开广西后的第76天，中央红军也从苏区西南方向突围，连续突破敌人三道封锁线，沿第六军团的行军路线，准备到湘西同红二、红六军团会合。蒋介石知道中央红军的意图后，为切断红军西进的步伐，便调集国民党中央军，与湘、粤、桂军阀联合，依托湘江构筑第四道封锁线，企图围歼中央红军于湘江以东地区。而中共中央和中革军委决定继续西进，越过湘桂边界，抢渡湘江。长征史上关系红军生死存亡的最为惨烈和悲壮的大战——湘江战役打响。

1934年11月26日，中央红军进入广西地域，面对敌人的围追堵截，红三军团、红一军团等部在新圩、光华铺、脚山铺等地阻击敌人，与敌人展开了殊死搏斗，用血肉之躯为军委纵队抢渡湘江筑起生命通道，谱写了一曲壮丽的悲歌。12月1日，中央机关和红军主力渡过湘江，粉碎了蒋介石在湘江以东围歼红军的企图，但湘江战役也使中央红军付出惨重的伤亡代价，人数从出发时的8.6万余人，锐减至3万余人。12月5日，红三军团第四师十二团由兴安县到达龙胜马堤河口、八滩一带布防。12月6日，军委纵队到达龙胜江底乡，并在此休整。随着军委纵队的到来，红军其余各部也先后进入龙胜。12月8日，军委纵队由江底向湘西进发，到12月14日，红军各部陆续离开龙胜，进入湘西。

中央红军在广西仅有19天，在龙胜只有10天，但这短暂的时间却意义非凡。中央红军经过艰苦作战赢得湘江战役，度过了长征途中第一次危机，但惨重的代价也使全党全军认识到了“左”

倾冒险主义给革命带来的严重危害，这为中央红军改变战略，进入国民党军力薄弱的贵州，并召开遵义会议，确立毛泽东在党中央和红军的领导地位打下了思想基础。除此之外，红军在龙胜等桂北少数民族地区，广泛宣传党的民族政策，根据不同民族的特点制定相应的法令和纪律，团结各民族同胞，在如此短的时间内便得到了各族人民的拥护，与各族人民建立起了深厚的感情。

龙胜泗水乡周家村白面瑶寨的“红军岩”，现在已经成为一个著名的红色旅游景点，每天都吸引着许多的游客前来游览。红军岩之所以得名，是因为在这块巨石上有红军长征经过时留下的标语。泗水乡的红军摩崖标语在红军岩上便有两处，一处是“红军绝对保护傜民”，一处是“继续斗争，再寻光明”，落款都是“红三宣”，可见是红三军团向当地民众宣传民族政策的标语。关于这两处标语，有的人认为是红军当年所刻的宣传标语；有的人认为是红军当年路过时写的标语，而瑶族人民为了纪念红军长征功绩，将标语镌刻在岩石上。这两则标语可以说通俗易懂、言简意赅，充分体现了我党的宣传智慧。如“红军绝对保护傜民”标语，没有任何的文饰，却掷地有声、铿锵有力，用庄严的承诺彰显人民军队的决心和风采，而且标语中红军特地把常用的带有民族歧视意味的“猺”字改成了“傜”，体现出我党民族平等的先进民族观。

“继续斗争，再寻光明”是对瑶族人民反压迫斗争的鼓励。红军进入龙胜时，正是桂北瑶民起义失败的时候，瑶族人民受到了国民党桂系军阀的残酷镇压。所以“继续斗争，再寻光明”这则标语，是红军旗帜鲜明地支持瑶族同胞的革命，鼓励瑶族同胞不要放弃，继续抗争才能再寻光明。此句与“红军绝对保护傜民”一样，既鼓励瑶族同胞坚持斗争，又使瑶族人民了解共产党和红军是真诚视各族人民为一家，尊重并维护各民族自身利益的政党和武装力量。

实际上，早在长征之前，我党就制定了一系列的民族政策。党的第二次全国代表大会明确提出各民族的解放斗争是全国人民的解放斗争中不可分割的一部分的主张，当红军长征进入湘桂少数民族地区时，为消除国民党诽谤造谣而导致的各少数民族对共产党和红军的误解，争取各族人民对共产党和红军的支持，党和红军高度重视民族工作和民族政策的宣传。在湘江战役激战之时，红军总政治部仍发出了具有针对性的《关于瑶苗民族工作的原则指示》，其中内容指出：“我们对瑶民（或苗民）的基本主张，是反对一切汉族压迫与剥削，汉族与瑶民的民族平等。”同时红军总政治部也要求在一切工作中必须不知疲倦地做好民族工作，并作出了争取少数民族上层人物，不在少数民族地区打土豪以及组织和扩大红军等规定，在民族平等的原则上，尊重少数民族的文化和习惯。红军总政治部对于红军在民族地区的行军也作出具体规定：买东西用银元和铜板，买粮买杂粮，不准买大米，不与各族同胞争井水、共厕所，等等。规定看似琐细，但正是这些细致的规定，最大程度地保证不干涉各民族同胞的生活习惯，尊重

红军岩红三军《长征标语》

他们的民族文化和习俗，不侵犯他们的民族禁忌，体现出真正的真诚和尊重。我党也高度重视在民族地区的宣传工作，不仅发布《关于对苗瑶民的口号》十三条，同时还坚持对民族政策的全员参与式宣传，发扬红军既是战斗队又是宣传队的光荣传统，并采取刷写标语、口号，印发传单、布告，开展与各民族同胞的“联欢会”“茶话会”等贴近实际、灵活多变的宣传形式。龙胜留下的这些标语石刻，正是当时党和红军民族政策宣传留下的珍贵遗迹。

党和红军在桂北的民族政策的宣传和执行取得了很好的效果，桂北瑶、壮、苗等各民族消除了对党和红军的疑虑与戒心，民族平等和民族团结的原则立场和根本政策，受到各民族同胞的拥护。在龙胜矮岭寨青山路一面的石壁上，还刻有瑶族同胞在红军离开的次年（1935）怀念红军的歌谣石刻："朱毛过瑶山，官恨吾心欢。甲戌孟冬月，瑶胞把家还。"瑶民还将朱德、毛泽东、周恩来、彭德怀等党和红军领导人称为"时遇恩人"，列之于歌谣后，足见瑶民对党和红军的深情。除石刻外，在各族同胞中还有红军故事，代代相传，如"特务纵火案"和"守护无名红军墓"等。

走进现在的龙坪侗寨，会在寨子的鼓楼上看到"红军楼"的字样，此外还有一处"审敌堂"，这两处都与当年的"特务纵火案"相关。1934年的12月10日，军委纵队正在龙胜龙坪侗寨宿营，半夜时，周恩来副主席休息的房屋后面突然起火，还好被警卫员发现。周恩来被警卫员救出后，大火就把房屋吞没了。这场大火蔓延很快，虽然红军战士和群众奋力抢救，侗族同胞们的房屋还是被烧毁了200多间，半个侗寨被毁。周恩来副主席从着火的房屋出来后，就立即召开会议研究失火的问题，他非常敏锐地指出这是敌人的阴谋，用来挑拨红军和侗族同胞的关系。当天晚上经过搜查，果然抓到了两个国民党派来的纵火特务。第二天保卫局在飞山庙召开群众大会，当众揭露敌人的罪恶阴谋，根据群众的要求，将两个特务枪毙。红军走后，侗族同胞为了感恩红军，将鼓楼改成了"红军楼"，把审判国民党纵火特务的飞山庙改为了"审敌堂"。

在江底乡，一直流传着一个家族数十年守护无名红军墓的故事。相传当年一位红军战士在战斗中耳朵被炸弹炸聋，村民们收留了他，他耳朵受伤听不见了，又不会写字，村民们不知道他叫什么，就叫他“应聋子”。这位红军战士在村里生活了十几年，去世后一户村民把他安葬在家族的墓地旁，这户村民的后代也把这位红军当成了自己的亲人，每年都不忘祭扫。这些口耳相传的故事、留存下来的红色遗迹，无不体现着桂北各民族与红军的鱼水深情，至今仍是龙胜的重要精神财富。

# 民风民俗

## 从乡规民约看民族地区的乡村自治

### ——《龙脊乡规碑》

清代之后，广西的石刻数量大增，人们对石刻在社会管理、纪事宣传等方面的社会实用价值的认识也日益加深，并充分地将石刻运用到社会民生的治理活动中。这一时期，告示、众议、公立碑等与社会政治和民生内容相关的石刻占据了较大的比重，其中便有大量的由乡村或族群制定的乡规民约类公立碑。作为习惯法的重要构成部分，乡规民约在清代广西民族地区国家法失位的情况下，发挥着重要的社会治理作用。

位于广西龙胜各族自治县的龙脊十三寨，现在以秀美壮观的梯田景观而享誉世界，吸引着大量的游客来此游览观光。明末时，壮族先祖因战乱等原因，陆续从河池、南丹等地迁居到此，繁衍生息，龙脊逐渐成为桂北重要的壮族聚居区。壮族同胞不仅凭借卓越的毅力和非凡的智慧，在这里开山筑田，造就了蔚为壮观的梯田稻作文化，同时充分利用当地的石材资源，刻石立碑，遗存了不少清至民国时的碑刻，内容涵盖族源、乡约、信仰、继嗣等方面，成为了解当地壮族同胞社会历史、风俗文化的珍贵历史实物资料。

由于龙脊地处偏远，又崇山万叠、道路崎岖，建制归属屡屡变更。其社会秩序的维系主要依靠寨老制这一较为原始的自治体制和与之相适应的乡约制度。所谓寨老，壮族同胞称为“波板”，是由寨子民众共同推举一位办事公道、通情达理且能够服众的长者担任，负责裁决争端、调解矛盾、维护社会秩序，并代表村寨处理内外事务。而组织民众制定乡规民约，督促大家遵守也是寨老的权力和职责，可以说寨老便是乡规民约的实际执行人和守护者。

也许正是由于寨老制和乡规民约在龙脊壮民社会的重要性，在龙脊十三寨遗存的碑刻中，乡约碑是其中较为重要的一类，如《龙脊永禁盗贼碑》《禁章合同碑》《乡党禁约碑》等，其中清道光二十九年（1849）所立的《龙脊乡规碑》最可留意。因为一般的乡约碑只会简要说明制定规约的目的，接着便列出条款。而《龙脊乡规碑》在条款之前，有篇幅较长的序文，并采用了典雅的骈文体式，详细阐述了乡规民约制定的背景和目的，以及乡规民约与朝廷律法之间的关系，体现出当时壮族同胞的法治观念。

《龙脊乡规碑》碑额是“严规安民”四大字，故也有学者称此碑为《严规安民碑》，碑额清晰表明了社会安宁是制定乡规民约的最终目的，同时也表现出在当时龙脊壮民的心中，安宁的理想是以严格规约为必要前提的观念。可以说序文的第一层内容便是对“严规安民”思想的进一步阐述，碑文通过类比论证的方式，从大到小，通过天下需要法律来平定邦国，邦国需要律法来治理百姓，指出“规条”对于乡邻安定的必要性。

序文第二层内容是阐述设立龙脊乡规的缘由。首先说“世道衰微，邪暴又作”，这句话化用了《孟子・滕文公》“世衰道微，邪说暴行有作”的句子，代表作者对当时社会状况的看法。其次是叙述龙脊壮族同胞的生存状态，指出这里山多地少，土地贫瘠，人们只依靠农耕生活，普遍的贫困是造成社会秩序混乱的首要原因。然后是描写国家法令不行，碑文指出道光四年（1824），地方长官曾贯彻巡抚的指令，开始开设团练，颁布“禁约”，各地都纷纷响应遵守。只有龙脊地区，有贪婪残暴的不法之徒，破坏禁约，猖獗不已，滋扰当地。碑文最后赞颂现任地方主官的治绩，并称“民知上有善政，而下安得不凛循为之善化”，为规约的制定张本。同时，碑文此处也体现出当时清王朝统治力量与村民自治之间的关系，可以说龙脊壮族的乡民社会受官方制约，乡规民约是官方与民间、国家与社会互动的产物，也是官方借民间力量以管理乡民社会的方式。清代龙脊的乡约碑经由乡民呈请官府修改核定的情况不少，使乡规民约或多或少都带有官方的意志，并将国法作为乡规民约最后的屏障和威慑，比如《龙脊乡规碑》中多个条文对于违反者的处置都是“送官究治”“呈官究治”。

序文第三层内容可以说是规约执行的原则。即一方面各寨人等要安分守己，遵守规约；另一方面人们执行规约要至公无私，“排难释纷，秉公处理”。由此可见，所有寨民都既是乡规民约的施行对象，同时又充当乡规民约的执法者，体现出寨民自治的鲜明特点。

《龙脊乡规碑》共有条文十三条，内容也较为庞杂，既有对官衙塘房修缮责任的明确，也有对日常生产活动中可能发生纠纷的避免措施和处置方法。其中处置匪贼的条文占比较大。除此之外，还有禁止酗酒、游手好闲、诱赌唆讼、斗殴等不良行为的条文。从《龙脊乡规碑》条文内容可知，维持社会生产的正常秩序，维护社会安宁和乡民安全，最后实现社会道德水平的提高，营造风淳俗美的社会是其设立的主要目的，也是规约的主体精神。

## 瑶民的盘古信仰
### ——《盘古庙古钟铸字序》

古代瑶民的信仰系统非常复杂，而且各地的瑶民还有不小的差别。但盘古和盘王信仰则在岭南地区的所有瑶民中广泛存在，成为他们共同的信仰。实际上作为开天辟地的人类始祖，盘古在岭南地区不仅是瑶族信仰的祖神，同时也是侗族、苗族、畲族和汉族所信仰的祖神，反映出各族人民对远古洪荒时代的共同朦胧回忆，更体现出汉、壮、侗、苗等各民族在文化根源上的同一性。正是由于盘古信仰在岭南地区普遍存在，岭南成为我国盘古信仰的中心区域。这使不少学者在盘古神话起源问题的研究中，持有盘古神话缘起于南方少数民族的观点。如位于桂中的来宾市就因为留存着大量的盘古庙，并有着隆重的盘古祭祀仪式及盘古地名、盘古歌谣等丰富的盘古文化遗存，而与河南泌阳齐名，并称为盘古文化的发祥地。当然，无论盘古传说和信仰是由中原地区传入岭南，被这里的少数民族广泛接受，从而成为自身的宗教信仰，还是盘古传说和信仰起源于珠江流域的少数民族原生信仰，后来传入中原，被汉族所接受和吸收，都说明了我们中华民族，在辽阔的疆域中共同分享着盘古这个开天辟地的创世神、人类先祖和其所蕴含的文化基因。

瑶族盘古信仰的普遍性和丰富性，使得其中充满了具有不确定性的内容，这种不确定性增加了对瑶族盘古信仰的多元释读，为盘古信仰平添了许多独具魅力的神秘特点。关于瑶族盘古信仰的核心以及主要的争议主题，集中在盘古等神祇的区别与联系。关于瑶族盘古信仰中的神祇，就有盘王、盘古、盘瓠等不同名称。如瑶族古歌《盘古造天地》描写盘古开天辟地的情形："只见眼前一闪亮，只听耳边一声霹雳，盘王的头就变成了天，盘王的身就变成了地。"瑶族《盘王券牒》说："昔时上古天地不分，〔世界〕混沌，乾坤不政（振），无日月阴阳，不分黑白昼夜，是时勿生。我盘古圣皇（王）首先出身置世，凿开天辟地，置水土，造日月阴阳，制星辰，造立湖海，置立江河，置万国九州。"这两个盘古传说，都与我们熟知的盘古开天辟地，其身躯化为日月星辰、山川河流的故事相同，描写了盘古创世始祖的形象。

又有盘王为盘瓠的说法，比如清代闵叙的《粤述》中说："粤西瑶壮种类各殊，相传为盘瓠苗裔，桂林等府俱有盘王庙，瑶壮祀为始祖。"关于盘瓠的传说，记载于干宝《搜神记》、范晔《后汉书》和瑶族民间历史文献《评王券牒》(又称《过山榜》) 中。其中干宝《搜神记》记录了盘瓠的诞生："高辛氏，有老妇人，居于王宫。得耳疾历时，医为挑治，出顶虫，大如茧。妇人去后，置以瓠蓠，覆之以盘，俄尔顶虫乃化为犬，其文五色，因名'盘瓠'。"从该记载对盘瓠的描述来看，他是一条犬的形象，"高辛氏”是五帝之一，所以盘瓠传说所处的时代远在天地初创之后，应是原始社会的氏族公社时期，盘古和盘瓠应是两个独立的神话形象。有学者认为盘瓠“犬”的形象是当时瑶、苗等少数民族的图腾形象，是部落图腾信仰的反映。《后汉书》和《评王券牒》对盘瓠的记载大致相同，保持了盘瓠“犬”的形象，但增加了盘瓠为国立功而得以受封的情节。如《评王券牒》记录，盘瓠本是评王时的一条黄斑犬，评王与外国高王为敌，想杀掉高王，大臣无人回应，盘瓠却突然口吐人言，说自己愿意渡海完成谋杀之计。评王大喜，赐给百味，并许诺完成任务便将宫女许配给它。于是盘瓠独自跨海去杀高王，乘高王醉酒时将其咬死，并将高王首级带回。评王认为它“一身当万马之功劳”，封它为世袭之臣，享国公之职，并以宫女相配，招赘为驸马。后来二人诞下六男六女，评王下旨封盘瓠为始祖盘王，敕赐六男六女为王瑶子孙，他们便是瑶族十二姓始祖。从上文可见，盘瓠神话是对瑶族的祖源和十二姓氏来源的记录，明显属于始祖神话。

除此之外还有盘古兄妹的神话传说。在桂中壮族等少数民族中流传着一个神话故事：雷公下暴雨淹没大地后，盘古兄妹结为夫妻，并繁衍人类。从情节可以看到这个故事是洪水神话和伏羲女娲兄妹成婚神话的变体。

围绕着盘古和盘瓠信仰，瑶、壮、侗、苗等少数民族地区不仅留存了大量的盘古庙、盘古王及盘古王婆神像等遗迹，《盘王大歌》等民族神话史诗，还有盘古王、盘古王婆诞辰祭祀，还盘王愿等丰富的民俗活动。瑶族内涵丰富的盘古信仰，在石刻中也有着生动的反映。如现存于广西阳朔福利乡的《盘古庙古钟铸字序》。

严格地说，这篇序文应该算是铸刻在钟上的铭文。在广西少数民族的盘王庙中常常都有盘古大钟，作为祭祀的重要法器。比如有着盘古信仰发祥地之称的广西来宾壮族盘古庙中，便有一口直径0.56米、高0.7米的铁钟。上面也铸有“盘古大庙”“风调雨顺”“国泰民安”等铭文，从落款可知刻于民国四年（1915）。阳朔福利乡的盘古庙古钟，虽然钟体有一些缺损，但铸字全部完整，刻于清乾隆七年（1742）。不仅铭刻的时间远早于来宾盘古庙盘古大钟，而且文字更多，为我们了解瑶族同胞的盘古信仰提供了更多的信息。

阳朔盘古庙大钟铭文中也有“风调雨顺”“国泰民安”，与来宾盘古庙盘古大钟铭文相同，寄寓了壮、瑶族同胞对农业丰产、生活幸福、国家康泰安宁的美好祝愿，同时也体现了壮、瑶同胞对国家的认同感和归属感。铭文先说铸钟的背景：“大清朝广西道桂林平乐府，阳朔、平乐、恭城三县众子孙等，重修龙尾朝天大庙。”平乐府是清代广西十一府之一，下辖有平乐、恭城、荔浦、修仁等县。从铭文可知铸钟是因为平乐府、阳朔和恭城三地的瑶民共同重修盘古庙，文中这些瑶民自称为“三县众子孙”，是他们把自己视作盘古的后代，并认为盘古是他们的始祖。然后便写到瑶族同胞利用修整盘古庙的余钱和捐款，一起铸造这口三百斤的大钟，悬挂于盘古庙的宫堂之中，晨昏敲击，以钟声为大家祈福。铭文最后说：“敬奉开天盘古圣帝、五圣盘王案前，永远供奉。”开天盘古圣帝和五圣盘王，明显是两个不同的神祇，这里的盘王应指盘瓠。可见在瑶民的盘古信仰中，开天辟地的盘古和盘瓠区别分明，应该说为我们厘清盘古、盘王、盘瓠的关系提供了比较直接的材料。文末还列出了铸钟捐资者的名单及款项，以及钟是在广东佛山铸造的信息。

广西乃至整个岭南的盘古信仰不仅是这些民族共同的历史记忆，而且为我们探究瑶、壮、侗、苗等民族与汉民族的文化渊源提供了很有价值的史料。盘古、盘瓠等广为流传的神话传说，以及围绕盘王信仰开展的丰富多彩的民俗活动，也是具有鲜明民族特色的文化遗产。另外，岭南少数民族的盘古神话故事与汉民族相传的盘古故事多有一致性，也充分说明了盘王传说的文化变迁是少数民族文化和汉族文化融合的典范，这对民族命运共同体的塑造也具有积极的现实意义。

# 壮民地区的侬智高信仰
## ——《都军村重修都军神庙碑》

中国广阔的疆域及众多民族共生共存的悠久历史，孕育了丰富多彩的民俗文化，作为中国民俗文化重要组成部分的民间信仰，在各少数民族之中表现为庞大复杂的神明系统，其中有自然崇拜、英雄崇拜、女性崇拜等。其中英雄崇拜普遍存在于中国的民间信仰中，可以说中国人心中都深埋着浓重的英雄崇拜情结，这些本存在于真实历史中的英雄人物，因为巨大的历史贡献，以及敢于抗争、无私奉献、忠肝义胆的杰出品质和人格魅力，成为人们的精神图腾。他们的传说故事也在久远地流播中，成为生生不息的动态叙事，不断被“创造”和“再创造”，并成为某地区、某族群的集体历史记忆，发挥着强化民族认同的精神纽带作用。盛行于我国广西、云南以及越南高平、老街等边境地区壮民族的侬智高信仰，便是具有鲜明的民族特色的英雄崇拜信仰。

侬智高本是存在于北宋时期的真实历史人物，他是羁縻傥犹州人，后来成为广源州壮族首领。北宋初，交趾李朝立国后，广源虽为邕管观察使下属羁縻州，但实际上臣服于交趾。由于不堪交趾李朝的盘剥，侬智高的父亲侬全福起义反抗交趾，却被李朝抓捕杀害。侬智高继续率领广源州壮族民众反抗交趾李朝，并建立“大历国”。自宋仁宗皇祐二年（1050）侬智高便请求归附北宋王朝，此后多次上书朝廷要求归附，并为北宋王朝镇守南疆，但当时北宋王朝担心接纳侬智高会与交趾交恶，所以一再予以拒绝。

皇祐四年（1052）归附无果的侬智高决定彻底反宋，他迅速攻占邕州（今南宁市），改国号为“大南国”，并挥师东进。由于北宋岭南州县的战备松弛，侬智高很快就占领了广西东部及广东西部的大片地区，最盛时一度围困广州。侬智高起义军声势浩大，使宋仁宗不得不撤回西夏前线主力，并任命枢密院副使名将狄青为宣徽南院使、荆湖南北路宣抚使、经制广南盗贼事，统帅大军南下征讨。侬智高的军队对付岭南的步卒自然有很大的优势，但面对骁勇善战的狄青带领的西北骑兵，便难以抗衡。狄青到达广西，初战便夺取了昆仑关，封死了侬智高北上的线路，又在归仁铺大战中一举击溃侬智高主力，大南国多位核心成员都于此役战殁。决战失利后，侬智高焚毁邕州出逃，狄青一路追击，不给他喘息的机会，他只能逃往大理。对于侬智高最终的命运，有多种说法，尚无定论。一说不知所终，一说于战败的次年被大理国王处决。随着侬智高战败，曾经横亘于交趾和北宋之间的“大南国”就此烟消云散。

因为反抗朝廷，史书上对侬智高都以叛贼视之，而对于平南有功的狄青则多有称道，并为他建祠纪念。而相对于全是贬斥的正史叙事，壮族民众的民间叙事则截然相反。在壮族民众的心目中，侬智高是不畏交趾和北宋两个强大王朝，虽自身力量有限，也敢于反抗民族压迫和剥削，甚至一度为王称帝的英雄。他的失败结局更增加了震撼人心的悲剧力量。所以，在我国的广西西北地区、云南东南地区和越南与我国接壤的边境地区广泛流行着侬大将军信仰，不仅在壮族六月节等特定节庆举行祭祀活动，还留下了侬智高庙、石刻等各式各样的文化遗迹。根据侬兵搜集整理的《侬智高庙简介》，在广西百色市、天等县，云南广南县，越南广渊县、保乐县、茶岭县都有侬智高庙。广西大新县称为雷火峒京帝庙、陇嵩大将军庙。广西靖西县称为侬衙司庙，广西德保县称老彝庙。这并不是完全的统计，还有不少供奉侬智高的庙宇因各种原因而不为人知，由此可见侬智高庙的分布之广。有关侬智高的石刻数量也较多，摩崖、庙碑、墓碑等形式多样，展现出壮族侬智高信仰的丰富文化内涵。

在今天广西崇左天等县金洞乡福利村都军屯有一座侬智高庙遗址，还存有一块《都军村重修都军神庙碑》，是康熙四十五年（1706）当地土司官黄道远及其僚属重修侬智高庙而作。碑文开篇说："尝谓古之钦设，遗无量于十方，今之重修，盖永昭于万代。""无量"指不可计算，没有限度。"十方"是佛教用语，即东西南北及四维上下，这里借以形容范围之广。"永昭"的意思是长久地照亮。这句话高度概括了建庙的意义，即希望作为神祇的侬智高能够永久地保佑当地的百姓。碑文接着是对侬智高的赞美，尊称侬智高为“伏蛮义勇侬大灵神”。所谓“伏蛮义勇”，便是侬智高反宋前多次击败交趾李朝入侵，立下保疆安民的功绩。然后碑文从动和静、军事和民生两个方面来赞美侬智高。从动的方面、军事的方面来说，他就像风雷那般迅猛，万夫莫当，足见其英勇威武之貌；从静的方面、民生的方面来说，他庇护百姓，“救患恤人”，人民都得到他的恩惠。由此可见侬智高在壮族同胞心中光彩夺目的形象和崇高的地位。这篇碑文篇幅不长，但结构井然、用语妥帖、言简意赅，是一篇很好的骈体小品。文章后详细地列出了众多僚属姓名，甚至是刻工的名字，但却没有署作者姓名。如果是土司官及其僚属所写，则可见当时的壮族土司拥有很好的文化修养。

壮族同胞的侬智高信仰有着极为丰富的文化内涵，在久远的历史长河中，侬智高的形象经历了一个衍化和不断丰富的过程。对于侬智高的崇拜，应该源于对血缘祖先的崇拜。具有血脉关联的侬氏后人，自然对这位有着非凡经历的先祖产生崇拜。当侬智高信仰从侬氏后人向血缘外的壮族同胞流传扩散时，基于血缘宗族关系的祖宗崇拜便向着历史英雄崇拜衍化。在《都军村重修都军神庙碑》中便可清晰地看出当地居民的侬智高信仰，主要是视侬智高为护佑地方民生的英雄。当然，在很多地方，壮族同胞心目中作为本民族英雄的侬智高形象又发生了衍化，成为地方的保护神。人们祈求依智高保佑农业丰产、灾祸不兴，可以说其信仰从精神上的图腾向日常的生活领域延伸，使依智高成为一个具有多重内涵的复合神灵。

总的来说，壮族同胞通过依智高信仰形成了民族的自豪感和归属感，依智高信仰是壮族族群记忆和文化传承的精神纽带。而壮族同胞对依智高抵抗交趾李朝的入侵，保境安民功绩的称颂，正体现出了他们的国家认同。

# 诗歌

## 三海岩题诗摩崖中“靖土安民”的情感抒发
### ——《题三海岩》《三海岩建亭偶成》

广西石刻之所以享誉世界，除了时间久、分布广、数量大之外，还有两个很重要的特色。一是在形制上，摩崖石刻异常丰富，这和广西特殊的石灰岩地质特点有关，这种岩石适于雕琢。摩崖与碑碣不同，以天然的崖壁为镌刻的基底，“就其山而凿之”(冯云鹏《金石索》)，故石刻与自然景观融合无间、相得益彰，不仅具有丰富的文化属性，还成为山水景观的一部分。二是在内容上，摩崖这种石刻形制往往出现在自然风光特绝之处，因此大多是文人墨客登临游览时所作，故而诗歌、游记等文学类石刻尤多，为秀美的自然风景增加了深厚的人文内涵。广西石刻分布广泛，有些名胜，往往历代都是游客聚集的地方，摩崖石刻也就特别集中，形成了摩崖荟萃的奇观，如桂林市区的龙隐岩，融水县城南郊的真仙岩。位于广西钦州市灵山县的三海岩也有着与上述两地齐名的摩崖石刻群。

如今位于灵山中学校园内的三海岩，历史上以秀美的溶洞景观成为广西南部的名胜，被誉为“粤西胜境”。它由宋代诗人陶弼发现。陶弼，字商翁，湖南祁阳人，是陶渊明的后人，以军功入仕，却工于诗文。北宋英宗治平二年（1065），在钦州任知府的陶弼于返乡途中，寻山探幽，发现三海岩这一幽异诡谲的溶洞。因溶洞如大鼎，由钱岩、龟岩、月岩三个洞组成，所以陶弼取“三为沧海，三为桑田”之意，为其命名“三海岩”，并题诗。陶弼的《题三海岩》明代时被翁溥书写、陶桓雕刻于月牙岩洞口东壁。自陶弼发现三海岩，千年间三海岩吸引着无数的文人墨客、行旅游宦前来游览，他们叹赏于三海岩的奇绝秀美，留下大量的题名、诗文以畅叙幽情，从而形成了由宋至民国时期共157幅石刻作品的三海岩摩崖石刻群。现在，摩崖石刻已经成为三海岩珍贵的文化遗产，与“清风、乳石”一起，成为三海岩“三绝”，带给游客“看山如观画，游山如读史”（清陈元龙《龙隐洞观磨崖党人碑》）的奇妙感受。

纵观这些经过岁月的淘洗，仍散发出勃勃生机的摩崖诗文，其中之名篇，除陶弼《题三海岩》外，如开三海岩摩崖石刻先河的北宋郭晔的文章《三海岩》，明代翁溥与林云同罕见的六首酬唱诗刻，岳飞之子岳霖那满怀爱国忧民之情的《过灵山述怀》，都令后人过目难忘、慨叹不已。三海岩摩崖诗文的内容非常丰富，涉及政治、军事、社会生活、文化、自然山水等诸多方面。由于此地是国家南部边疆和民族地区，文人游览于此地，便会自然联想到边疆稳定和国家安全，如明代刘桓的《题三海岩》和白玉的《三海岩建亭偶成》便反映了这样的主题。

刘桓《题三海岩》诗，据其诗序可知作于“明成化庚子冬”，即明宪宗成化十六年（1480）冬，诗人赴任廉州，经过灵山，“适值大军征进，怀感偶成”。这里“大军征进”，应该是镇压廉州动乱的。据史所载，成化十六年，浔州（今桂平）、梧州、高州、廉州等地人民起义反抗，因被朝廷镇压而失败。后田州（今百色、田东等地）头目黄明起兵反叛，也被击败。诗人来时正值廉州乱局初定，作为新赴任的主官，诗人站在朝廷的立场，用诗歌表达了对廉州局势重新安定的看法。诗为七律，首联“箪食壶浆远送迎，人心归向若为情”从眼前所见写起，通过对廉州人民箪食壶浆为前来靖乱的军队送行的场面予以描写，指出廉州百姓人心归向于朝廷。颔联“冥顽昔为饥寒逼，礼义今由富足生”写此地人民以前“冥顽不化”是因为被饥寒所逼迫，如今乱局已平，生活富足，礼义才能产生。诗句虽化用《管子 · 牧民》“仓廪实则知礼节，衣食足则知荣辱”，但在诗中还可有两方面的言外之意：一是为廉州人民起义反抗作了辩解，指出反抗朝廷是饥寒贫困逼迫下的无奈之举；二是阐明了诗人对边疆安定之根本的认识，认为去除贫困，使人民富足，才能为提高社会道德水平和文化水平奠定基础，这也是维护边疆安定的根本。颈联“深峒月明无犬吠，荒村雨过有农耕”与其说是诗人对当时当地社会面貌的夸大描写，不如说是诗人对为政廉州的美好憧憬的诗性表达。“深峒”是对西南地区少数民族聚居地方的泛称。“深峒月明无犬吠，荒村雨过有农耕”，以犬吠、农耕之动衬静，体现出一种宁静祥和又富有生机的画面感。尾联“抚绥自我无他扰，可保吾民乐太平”直抒胸臆，表达保靖安民、守护一方太平的志愿，颇有舍我其谁的气势。

如果说刘桓《题三海岩》诗表达的是文官对“靖土安民”这一主题的认识，那么白玉《三海岩建亭偶成》表达的则是武将的心声和愿景。由诗序可知，诗人白玉当时领兵驻守灵山，在闲暇时游访三海岩，《三海岩建亭偶成》作于明孝宗弘治元年（1488），是为三海岩上小亭落成而作。诗为五律，因此亭是为保护三海岩的摩崖造像而建，所以首联诗人因佛像而发问：“西域渺无际，何年托此身？”诗句意思是：西域邈远无边无际，这尊佛像是何年寄身于三海岩啊？颔联“祇林生慧日，瑶草蔼青云”，紧承首联

陶弼《题山海岩》

而出，是作者想象佛在西方时的情景。“祇林”即祇园，指祇树给孤独园，是古印度的著名佛教圣地，和王舍城的竹林精舍并称佛教最早的两大精舍。释迦牟尼曾在此居住二十五年，宣讲了许多佛教经典。颈联“竹瓦编亭小，山屏入座新”则承续首联对句，言佛像如今之情形，并描写了三海岩亭建成后的情景。佛像栖身之竹瓦小亭，虽不如祇林精舍那般豪华壮丽，但山色美景却似刚被邀请至座席之间，给人耳目一新的感觉。尾联“仰祈疆土靖，流泽及边民”是诗人的美好祝愿，他向佛像虔诚祈祷，希望佛能够保佑国家疆土安宁，福泽遍及边疆的人民。

这两首诗不同于一般写景纪游的诗歌，有着鲜明的政治性，抒发了诗人靖土安民的情怀，边疆的安宁和富足对于维护国家统一、民族团结及和平稳定具有重大的意义。也许这两首诗的作者在三海岩摩崖众多诗文作者中并不算知名，但两首诗歌无论是思想内容还是艺术性都很出色，它们的存在丰富了三海岩摩崖石刻的人文内涵，具有不可替代的价值。

# 土官“保守宗基”愿望的诗性表达

## ——《大新后岩掌形石痕唱和诗摩崖》

广西崇左市与越南毗邻的边陲小城大新县，有着非常丰富而久远的土司文化，历史上这里曾先后设立养利、万承、太平、下雷、茗盈、恩城、安平、全茗等八个土司，出现了世间少有的八土司共处一境的情况。当然，大新历史上的八土司辖地都很小，一州之地实际与村镇相当，但这些土司家族就是在这弹丸之地上，世代延续，并留下了古遗址、墓葬、建筑等丰富的文化遗存。其中摩崖石刻也是大新土司文化的重要组成部分，有着鲜明的特色。

大新土司家族的石刻不仅数量可观，内容和形式也极为丰富，内容上有家谱族谱、诗文题词，形式上有宗教造像、墓葬石刻，最早可追溯到宋代，可谓历史久远。大新摩崖石刻的分布也比较广，大都位于险峻幽深的山崖洞壁上，其中以恩城乡岜字山、全茗镇穷斗山和雷平镇安平村会仙岩三处最为集中有名。如恩城岜字山，其山林树木之间遍布着恩城历代土司及文人墨客的诗文、题词等各类石刻以及墨迹、壁画，加起来总共一百余处。恩城赵氏土司向来以具有较高的文化修养而闻名，岜字山丰富的摩崖石刻便是一个明证。如《恩城土州官族赵养素墓志碑》的墓主赵养素，是明末崇祯年间的恩城土司官族子弟，他便是因为通书法、优文词而被当时的土司所重用。而恩城历任土司中最有特点的是第七代土司赵福惠。

在恩城有着多处与赵福惠有关的石刻，如《重新恩城土州治所碑》落款为“奉朝大夫世袭土官知州赵福惠正妻许氏妙珠、次妻梁氏善景颛立”，可见这重建恩城土司衙门的便是赵福惠。而由他撰写序言并刻在恩城街石壁上的《恩城州土官族谱》被认为是粤西最早的土司族谱或接近族谱形制的文字。在恩城岜字山上还刻有赵福惠的手掌印和脚掌印各一个，非常特别。在其手掌印的旁边便是《广西少数民族地区石刻碑文集》所载《大新后岩掌形石痕唱和诗摩崖》。

《大新后岩掌形石痕唱和诗摩崖》为两首七言绝句，前一首为赵福惠所作，诗后有款识：“天顺八年十二月十一日致仕知州赵福惠题。”天顺是明英宗复辟后使用的年号，共八年，天顺八年即1464年。从款识可知，赵福惠当时已主动申请辞去土司官职，退休了。其脚掌印为孤立的刻石，旁边没有任何文字。手掌印和他的诗歌虽在同一方摩崖石刻，但也无法就此确定诗歌与其手掌印是否刻于同时。不过从诗歌的内容来看，的确与掌印有关，从中可以窥见赵福惠在崖壁上刻下自己手掌印和脚掌印的意图。

诗歌第一、二句“遗迹存形在后岩，留名千古子孙看”中的“遗迹”可以认为即其手掌印和脚掌印。赵福惠将自己的手掌和脚掌刻石，存形于后岩，便是想子子孙孙都能够看到它们，从而能够留名千古。第三、四句诗“顾惟地久天长永，保守宗基若大山”则由个人的留名千古更进一层，赵福惠刻石于山岩，希望家族的基业能够世代相传，如大山一样地久天长。所以，这首诗歌，第一、二句主要从赵福惠个人着笔，希望自己留名后世；第三、四句则从家族出发，着重表达基业永固的愿望。它们虽侧重不同，但内容又紧密相连。这是赵福惠的生平事迹及其在赵氏家族承续中的地位决定的。我们从《重新恩城土州治所碑》可以知道，赵福惠之前，他的祖父、父亲、叔父虽掌土司之权，但都没有经过朝廷的实授，也都没有兴建衙署，只是“侨居掌州事”。赵福惠不仅进京觐见，得到朝廷实授的土州知州衔，而且兴建衙署，有着开创之功。正是由于其特殊而重要的地位，他留名后世，可以垂范于子孙，对于家族基业的长久稳固自然有着重要的意义，这应该就是他在岜字山崖壁之上留下自己的手掌印、脚掌印以及题诗的真实意图。

紧挨着赵福惠诗歌的左边，在同一方摩崖石刻上，还有一首诗歌，是对赵福惠诗歌的步韵唱和之作。我们知道诗词酬唱是古代文人进行思想、情感、技艺等方面交流的风雅活动，在中国古代的文人群体中极为常见，但绝大多数的唱和诗词都是载于典籍，用摩崖刻石的方式进行诗歌的酬唱并不多见。不过在广西历代的石刻中便留有不少酬唱诗石刻，故而显得极为珍贵。其中最典型的代表是钦州三海岩月岩崖壁上明代翁溥与其友林云同的两方诗石刻，共6首唱和诗。在大新的岜字山摩崖上也留存酬唱诗石刻，虽数量不如翁溥与林云同的酬唱诗石刻，但同样值得珍视。

我国古代的唱和诗从作者的角度来看，有两种情况：一种是唱和的双方认识，或是朋友，他们的作品会在二人间传递；另一种情况是唱和的双方并不认识，甚至不是一个时代的人，唱者未必会知道他的创作有人应和，而和者是在读到唱者的诗作后，有所感发而进行创作，他并没有以此与唱者交往交流的目的。显然，三海岩翁溥与林云同的唱和诗属于第一种情况，他们二人是朋友关系，进行酬唱是风雅的韵事。其缘由是二人曾相约同游三海岩，但由于公务滞留，翁溥无法赴约，于是他先写了两首诗相寄，并让人送来酒肴，以此为友人独游助兴，并邀林云同题诗刻石。林云同也不以独游为憾，不仅游岩后“走笔奉答”了友人之诗，更另作《游三海岩怀梦山二首》以抒发对翁溥的怀念。

大新岜字山上赵福惠诗歌旁的步韵和诗没有留下作者的姓名和刊刻的时间，不过可以推断属于上述第二种情况。和诗内容写诗人暇日到后岩登临玩赏，这里有许多可看的风景。诗歌第三句“大哉五马诸侯迹”中，“五马诸侯”是汉代人对一州太守的代称，这里用来称美赵福惠，因其有土州知州衔。诗歌最后一句“耿耿遗留在郡山”，是诗人赞美赵福惠的遗迹（掌印、题诗等）显著地留在山崖之上，供后人瞻仰。和诗在内容上与赵福惠的诗歌有所呼应，从诗歌称诗人至后岩游览，及称赵福惠石刻为遗迹，可知和诗的作者应晚于赵福惠所处的时代，他和诗的行为是看到赵福惠诗后的有感而发，其创作的动机为纪游，与赵福惠写诗的目的显然是不同的。

恩城岜字山赵福惠题诗和手印石刻

恩城岜字山赵福惠脚印石刻

从诗歌的艺术水平来说，赵福惠的诗歌并不能算作一首好诗，诗歌情感表达过于直露，缺少蕴藉之感；文辞上也显得缺少修饰，有些粗陋。相比之下，和诗在技艺上更加成熟，水平明显高出许多。但赵福惠诗直白的表达，使我们能够看到一位致仕退位的土司，希望“保守宗基”的内心情感。只是如今，他所想要保守的土司基业早已消亡于时代前进的浪潮之中，而他自己却与他的石刻一样成为当地历史文化的一部分，跨越时空，留名千古。这也许是赵福惠本人未曾想到的吧？

# 民族地区的“诗教”实践
## ——《太平府知府黄凤岐劝善戒盗歌》

中国被称为诗歌的国度，不仅是因为诗歌史的悠远漫长，优秀诗人和不朽诗作浩如烟海，更是由于诗歌深受平民大众的喜爱，在普通百姓间的接受度很高，整个社会都有着浓厚的爱好诗歌的氛围。也正因为对诗歌感发人心、易被接受的性质有着极深的理解，所以历代统治者都非常重视利用诗歌来引导和教育民众，推动社会风气的向善，从而形成了中华文化中历史悠久的诗教传统。《毛诗序》在对《关雎》的阐释中说：“《关雎》，后妃之德也，风之始也，所以风天下而正夫妇也。故用之乡人焉，用之邦国焉。风，风也，教也。风以动之，教以化之。”古人特别重视诗歌“以风化下”，感动、教化人民的作用。

受此影响，在中国历史上，上至国家朝廷，下至地方官府、一族一家，利用诗歌来推行教化的例子都很普遍。如汉武帝时通过扩大乐府职能，建构礼乐文化，发挥乐府诗歌移风易俗的社会教化作用，为后世佳话。广西太平府（辖境大约相当于今崇左市）位于我国南疆，又是多民族聚居之地，面对复杂的治理局面，清光绪三十三年（1907），时任太平府知府的黄凤岐便写了一首《劝善戒盗长短歌》，用于实施“诗教”，敦风化俗，并刻石公告。

黄凤岐，字方舟，号芳久，晚年自号蠡良子，湖南安化县人。他可不是一般的官员，而是一位有着爱国之志又文武双全的人物。文的方面，他光绪二十年（1894）中进士，能诗善文，晚年辞官归里，曾主讲船山学社，著有《侯度录》《西行杂记》《宦游诗草》《种茂园诗草录》《久芳阁年谱录》等多种著述；武的方面，他精通少林拳，先深研刀技，有“单刀王”之称，后又练剑，也名噪一时。进士及第后，他曾入湖北巡抚谭继洵幕府，并教巡抚之子、“戊戌六君子”之一的谭嗣同剑术，是知名的武术家。民国时期，他继续从事武术活动，为湖南武术文化的传承发展作出了贡献。

黄凤岐所作的《劝善戒盗长短歌》，其诗体为长短歌。这类诗体既不同于五言诗、七言诗，也不同于后来的曲子词，其特点是三言句常连用两句，其他诗句则以五言、七言为主。《劝善戒盗长短歌》可分为十章，每一章虽篇幅有长短之别，但诗体形式大致相似，大都以两个至四个三言句开头，后接四言、五言、六言、七言、八言句式，而以五言为主。杂言的体式，使诗歌形式和韵律都比较自由，无所拘束，有了民歌生动活泼的特点，这对于喜爱民歌的壮族民众来说，应该是更易于接受的，也许这便是黄知府顺应风俗，寓教化于诗歌的原因吧。

诗歌第一章如同开场白，让大家听这首“长歌兼短调”，并直接说明整首诗歌的主旨：“劝盗化为良，劝良莫为盗。”第二章到第六章写出了少年郎是如何一步步走向为盗求财之歧路的。诗歌说劝诫最应关注的人群是少年，如果父母没有对其进行教育，放任自流，便会像无巢之鸟一样，满天飞腾，最容易走上歧途。他们先参与赌博，当输得一无所有的时候，便会因求财而铤而走险，杀人如麻，到那时他们才不会管被害者是外地人还是同乡呢。一开始他们或许胆子还小，但成功一次之后，犯罪手法就会娴熟起来。他们会装扮成各种人，“常探水，先放钓”是进行踩点，然后早早埋伏，传递暗号，当货客进入圈套时，“一声叫，刀棍两头施”，被抢之人防不胜防，纵有逃脱，也顾不得财货了。这些盗贼们呢？他们分完赃，便分道扬镳了。因为钱来得容易，这些贼人吃喝嫖赌，任意挥霍，钱一用完又会再次行盗，而且他们还会自诩英豪，不以为耻，反以为荣，可谓猖狂跋扈至极。第七章到第十章写盗贼们的下场，只要乡团清剿，他们只能落得被擒落网、身首异处的结局。通过揭露盗贼终将覆灭，诗人劝诫世人：“谁说盗有道，不如为善妙。”他叫大家虚心听从劝诫，做一个好人，流传此诗歌，互相勉励，共同维护社会的太平。

从诗歌的内容我们可以感受到诗人的良苦用心，诗歌没有枯燥而单调的道德说教，而是用生动的笔调、诙谐的语言，叙述少年郎由于缺乏管教而走上歧途，行盗分赃，由初次犯案的胆怯，到后来的猖狂，最后受刑身死的过程，具有情节生动的故事性。特别是第四章对拦路行盗的描写很有画面感：“常探水，先放钓，早埋伏，传暗号，到了时，一声叫，刀棍两头施，货客三边倒，纵然有脱逃，那能顾财宝。”正是由于诗歌出色的叙事性，使诗人阐明“谁说盗有道，不如为善妙”的道理以及“提提作好人”等劝诫时显得自然而不突兀。这首诗歌针对清末民族地区动乱不堪的社会现实，成功地融合了乐府诗歌叙事技巧和民族歌谣淳朴自然、生活气息浓厚、生动活泼的艺术特点，是一首形神兼具的叙事诗，值得我们珍视。